novum 🔖 pro

Ludger Wentingmann

WOHLSTAND UND ZUFRIEDENHEIT
FALLEN NICHT VOM HIMMEL

Jeder ist seines Glückes Schmied

novum pro

www.novumverlag.com

Bibliografische Information
der Deutschen Nationalbibliothek:

Die Deutsche Nationalbibliothek
verzeichnet diese Publikation in
der Deutschen Nationalbibliografie.
Detaillierte bibliografische Daten
sind im Internet über
http://www.d-nb.de abrufbar.

Alle Rechte der Verbreitung,
auch durch Film, Funk und Fernsehen,
fotomechanische Wiedergabe,
Tonträger, elektronische Datenträger
und auszugsweisen Nachdruck,
sind vorbehalten.

Gedruckt in der Europäischen Union
auf umweltfreundlichem, chlor- und
säurefrei gebleichtem Papier.

© 2024 novum Verlag

ISBN 978-3-99146-769-4
Lektorat: Susanne Schilp
Umschlagfoto:
Liderina | Dreamstime.com
Umschlaggestaltung, Layout & Satz:
novum Verlag

www.novumverlag.com

INHALTSVERZEICHNIS

Der Mensch, ein individueller Akteur,
auf vielen Wegen unterwegs 7
Menschen sehen ihr „Ich" und
brauchen täglich auch das „Du" 12
Das Morgen ist anders als das Heute.
Herausforderungen brauchen
Weitsicht und Mut 17
Große gesellschaftliche
Herausforderungen kosten Geld
und beeinflussen unseren Wohlstand 29
Krisen gibt es immer wieder.
Unerwartet stören sie das Leben 40
„C'est la vie – So ist das Leben"
Lebenseinstellung und Weitsicht steuern mit 47
Glück und Zufriedenheit,
eine Frage des Wohlstandes? 55
Wenn Menschen von der Substanz
leben und eine Gesellschaft
das Morgen verfrühstückt 64
Nachhaltiges, verantwortliches
Leben braucht Achtsamkeit
für die irdischen Ressourcen 70
Menschen sind niemals perfekt.
Der Umgang mit Fehlern auch nicht 84
Fairplay in unserem Land zwischen
Wunsch und Wirklichkeit 91
Der Mensch als Individuum und zugleich
Teil der solidarischen Gemeinschaften 100

An den Wohlstand mit billig,
billig haben wir uns gewöhnt.
Die wahre Rechnung steht noch aus. 105
Jeder ist seines Glückes Schmied.
Heute noch ein stimmiges Sprichwort? 112
Politik im Mainstream der bürgerlichen Meinung.
Veränderungen brauchen Mut und Transparenz 117
Was nützen Gesetze und Regelungen, wenn sie
nicht klar, gerecht und praktikabel sind? 131
Jeder Mensch hat seine Würde.
Fehler und Schwächen gehören zum Menschsein 140
Menschen brauchen Bühnen der Aufmerksamkeit.
Macht und Einfluss
haben immer ein Ablaufdatum 149
Wenn man etwas nicht will, findet man
Argumente. Wenn man etwas will,
findet man einen Weg 159
Mutter Erde braucht uns nicht,
aber unser Leben hängt von ihr ab! 169
Eine gute Ernte braucht Zeit zum
Wachsen und Reifen. Das gilt für
viele Bereiche unseres Lebens 176
Bürgerschaftliches Engagement –
eine Win-win-Situation 186

DER MENSCH, EIN INDIVIDUELLER AKTEUR, AUF VIELEN WEGEN UNTERWEGS

Vor einigen Jahren war ich mit der Familie über Ostern im Allgäu. Am Ostersonntag, bei herrlichem Sonnenschein und blauem Himmel, sind wir mit einer Gondel auf den Breitenberg hochgefahren. Je höher wir kamen, umso mehr wurden unsere Blicke durch tiefziehende Wolken versperrt. Am Stationsende der geschlossenen Gondel ging es mit einem Sessellift den Berg weiter hinauf. Am Ende, beim Ausstieg, immer noch Wolkennebel. Zur Berghütte auf dem Berggipfel ging es nur zu Fuß auf einem schmalen und verschneiten Weg mit starken Steigungen. Spaß machte das nicht mehr. Doch wir wollten unser Ziel, die kleine Gastronomie auf dem Gipfel, erreichen. Etwas unterhalb des Gipfels wurden wir mit Sonnenschein, einem blauen Himmel und weitem Rundblick über den Wolken belohnt. Da erinnerte ich mich an den Song von Reinhard Mey: „Über den Wolken muss die Freiheit wohl grenzenlos sein."

Rückblickend für mich eine Erfahrung, dass es sich lohnt, ein Ziel zu haben und nicht zu resignieren, auch wenn es anstrengend ist. Ja, für vieles im Leben und insbesondere für Entscheidungen ist es von Vorteil, einen ungetrübten Blick, eine klare Sicht der Dinge zu haben. Mit etwas Abstand, auch zeitlich gesehen, gelingt das besser. Extreme Emotionen oder sogenannte Schnellschüsse können so vermieden werden. Abwarten und etwas sacken lassen ist in der heutigen schnelllebigen Welt in sehr vielen Bereichen nicht mehr die Regel beziehungsweise wird zunehmend weniger akzeptiert.

Die deutschen ISS-Astronauten Alexander Gerst und Matthias Mauerer hatten einen optimalen Weitblick aus dem All auf unseren Planeten Erde. Und das mehrmals täglich. Sie berichten über die sichtbaren, zum Teil sehr dramatischen Veränderungen unseres Lebensraums. Aus der Distanz und mit freiem Blick von oben sind Wahrnehmungen ungetrübte Fakten, denen wir nicht ausweichen können. Ein „Weiter so" wird häufig aus Gewohnheit und Bequemlichkeit bevorzugt. Das hat früher oder später Folgen, die sehr massiv und schmerzlich sein können. Rückschläge, Krisen und Chaossituationen haben viele Gesichter und niemand kann ihnen letztlich aus dem Wege gehen. Menschen mit einer eher pessimistischen Lebenseinstellung gelingt eine Wendung zum Besseren nicht so gut. Optimismus, Mut und Tatkraft sind persönliche Stärken, die jeder für ein besseres Leben nutzen kann. Doch die Mentalitäten bei uns Menschen sind sehr verschieden, mit individuellen Einflüssen für Erfolg und Glück im Leben. Im Miteinander, mit dem „Du", können Schwächen zu Stärken gewandelt werden. Es ist die Solidarität, die Menschen insbesondere in schweren Krisenzeiten zusammenschweißt und zu enormen Leistungen beflügelt.

Man muss kein Hellseher sein, um die Veränderungen für unseren Lebensraum zu erkennen. Als Erstes braucht es Interesse und den ernsthaften Willen, mit den jeweils eigenen Fähigkeiten und Ressourcen wahrzunehmen, was gut oder schlecht läuft. Egal ob im Privatbereich oder in unserer Gesellschaft beziehungsweise im Kontext der ganzen Weltbevölkerung. Der Blick auf Fakten und Entwicklungen, nicht mit der rosaroten Brille, sondern mit Wahrheit und Klarheit, realitätsbezogen. Und nicht mit Ausreden oder Resignation: „Was kann ich als Einzelner, als kleines Rädchen im großen Weltgetriebe schon ausrichten?" Mit Wegsehen und Schweigen bleibt der Einzelne eher machtlos. Es braucht Verbündete, die ein Mahnen und Klagen hören. Die in Schweden begonnene Bewegung „Fridays for Future" mit der starken, mahnenden Stimme von Greta Thunberg hat weltweit eine regelrechte Lawine im positiven Sinne erzeugt. Ein Umdenken der Menschen bezüglich unseres Lebensraumes Erde ist am Wachsen. Das Anliegen von Fridays for Future wird als notwendig und richtig gesehen; doch in der täglichen Verhaltensänderung gibt es noch viel zu tun.

Seit meiner Jugend hatte ich immer den Drang, etwas in unserer Gesellschaft mitzugestalten und, wenn notwendig, zu verändern. Ich wollte nicht schweigen, wenn etwas schieflief oder ungerecht war. Für die Diskussion und Konfrontation mit anderen Meinungen fehlte mir in jungen Jahren häufig der Mut zum Durchhalten. Da spielten wohl meine strenge Erziehung im Elternhaus und meine Verhaltensmentalität eine Rolle. Später, bei einem Führungskräfteseminar der Bank, bestätigte mir der Moderator und Psychologe mein großes Harmoniebedürfnis, das mich tendenziell eher friedlich und zurückhaltend sein ließ. Darüber habe ich lange nachgedacht und mir vorgenommen, mich hier weiterzuentwickeln und auch manches einfach mal auszuprobieren. Mit den Jahren lernte ich, dass es die Auseinandersetzung mit unterschiedlichen Sichtweisen und Erwartungen braucht, um Klarheit und Fortschritt zu erreichen. Das machte mir Mut und stärkte mein Selbstbewusstsein. Für mein Engagement im Beruf, in Vereinen, in der katholischen Kirche als Diakon und in der Kommunalpolitik war mir stets wichtig, dass es sich lohnt, seine eigenen Ideen und Beiträge einzubringen und im Miteinander letztlich gute Lösung zu finden.

Fehler zu machen, war mir nicht mehr peinlich. Mir wurde bewusst, dass Fehlermachen sehr menschlich ist. Einen Fehler offen, ohne Verdrängungstaktik, zuzugeben, ist persönliche Stärke und nicht Schwäche. Deshalb habe ich immer bewusst über meine Fehler gesagt: „Ich entschuldige mich und biete Wiedergutmachung an." Dafür habe ich stets eine positive Anerkennung bekommen. Die häufig gebrauchte Wendung „Ich bitte um Entschuldigung" ist eine Bitte um Nachsicht und Vergebung. Oder anders ausgedrückt: „Seid bitte gnädig mit mir." Eine Bitte an andere, die ja nicht schuldig geworden sind, werden zum Handeln aufgefordert. Auch wenn es nur darum geht, zugegebene Fehler anderer zu akzeptieren. Wo schwere Fehler grob fahrlässig oder sogar bewusst begangen werden, bleibt die Verantwortung für Konsequenzen jedoch stets beim Verursacher. Das heißt Wiedergutmachung, sofern möglich. Beispielsweise von einem Amt oder einer Leitungsposition rechtzeitig zurücktreten und auf eine Abfindungszahlung verzichten. Und bei großen Vergehen gerichtliche Verurteilung mit entsprechenden Strafen akzeptieren. Hier dürfen wir, anders als in Diktaturen oder autokratisch geführten Staaten, auf unsere Gerichtsbarkeit stolz sein.

Manchmal muss man einfach etwas Neues ausprobieren und wenn erforderlich auch mal einen Schritt zurück machen. Wer behauptet, er mache keine Fehler, der hat sich weggeduckt oder versteckt sich hinter anderen. Mit Kreativität und Mut sowie Unterstützung in einem Team können Missstände vermieden werden und Fortschritte gelingen. Mir selbst ist dabei klar: Ich muss mich mit den Fakten und Argumenten vertraut machen und mögliche Folgewirkungen in Erwägung ziehen. Aus der Vorbereitung von Kreditentscheidungen in der Bank kenne ich die Phasen „Faktenklärung/Analyse" sowie „Perspektiven" mit Darstellung von Szenarien von best case bis worst case. Ich habe mir angewöhnt, die Faktenlage genau zu betrachten und nicht mit Schnellschüssen Zustimmung oder Ablehnung zu verkünden. Im heutigen Alltag mit Kommunikation über E-Mail oder WhatsApp wird prompte Rückmeldung erwartet. Mit etwas Geduld und Nachdenken steigt der Nachhaltigkeitswert von Entscheidungen. Den Erwartungen von Mail- und WhatsApp-Sendern bezüglich einer umgehenden Rückmeldung sollte nicht immer sofort gefolgt werden. Eine kurze Zwischennachricht wie „Ich werde das noch prüfen oder klären und melde mich dann" ist für die Kommunikation und in der Sache förderlich.

Mit Eintritt in das Rentenalter ist mein Interesse an gesellschaftlichen und wirtschaftlichen Entwicklungen weiter gewachsen. Plakativ von der Politik verkündete Milliardenbeträge relativieren sich, wenn ich die Summen auf ein Jahr und auf betroffene Bürger umrechne. Als Banker habe ich immer mit Zahlen zu tun gehabt und das Analysieren und Bewerten von Fakten gehörte zu meiner täglichen Arbeit. Aus beispielsweise mehrjährig zusammengefassten Steuerentlastungen werden, relativiert, häufig Peanuts für die betroffenen Bürger. Unsere moderne Gesellschaft hat sich darauf eingerichtet, möglichst plakativ, ohne viele Details, öffentlich Wirkung zu erzielen. Das führt zu Fehleinschätzungen und früher oder später zu großen Enttäuschungen.

Journalisten bevorzugen Schlagzeilen, die beim Leser wirken, aber wenig Konkretes vermitteln. Im nachstehenden, klein gedruckten Text lese ich dann, wer welche Äußerung getan hat oder wer wem widerspricht. Streit, Falscheinschätzungen oder Fehlverhalten beherrschen unsere Nachrichten. Wir Menschen sind primär für das Negative empfänglich. Etwa nach dem Motto: Andere sind nicht gut. Das beklagt schon Jesus in der Bibel „Du siehst den Splitter im Auge deines Nächsten, aber nicht den Balken in deinem Auge." Ein menschlicher Mechanismus, um sich selbst in einem besseren Licht darzustellen. Nach dem Motto „Spieglein, Spieglein an der Wand, wer ist der Schönste im ganzen Land?"

Unsere Gesellschaft braucht keinen Wettbewerb um Popularität oder ein Ranking in der Beliebtheitsskala. Wir brauchen Politiker*innen und Interessenvertretungen in Wirtschaft und Gesellschaft, die angesichts der massiven Nachhaltigkeitsprobleme von Klima, Hunger, Krieg etc. nichts beschönigen und konstruktiv und ehrlich nach guten Lösungen suchen. Der Mensch kann sich hierfür oder dafür entscheiden. Die individuelle Verantwortung für mögliche Folgen bleibt. Sowohl für den Einzelnen als auch für das gemeinschaftliche Miteinander.

MENSCHEN SEHEN IHR „ICH" UND BRAUCHEN TÄGLICH AUCH DAS „DU"

Täglich werden wir alle damit konfrontiert, dass diese Welt weder gerecht noch perfekt ist. Die Nachrichten in den Printmedien sowie in Rundfunk und Fernsehen bringen tagtäglich in einer noch nie dagewesenen Vielfalt und Transparenz das Weltgeschehen in unsere Wohnzimmer. Ein Bierchen, ein Glas Wein mit den rituellen Knabbereien schmecken uns vor dem Fernseher trotz all der negativen Schlagzeilen recht gut. Bilder von zerstörten Städten wie seit Jahren beispielsweise in Syrien und ab dem 24.02.2022 in der europäischen Ukraine oder in anderen Kriegsgebieten dieser Erde sind uns sehr vertraut. Erst durch die intensiven Flüchtlingsströme in das vermeintliche Paradies Deutschland 2015 und jetzt im Jahr 2022 aus der Ukraine berühren uns die Nöte der Kriegsflüchtlinge auch persönlich. Plötzlich ist das Leid nicht mehr fern von uns, sondern durch Menschen in unserer Nähe präsent. Es geht uns zu Herzen. Auch die täglichen Nachrichten und Bilder im Juli 2021 über die dramatischen Zerstörungen durch die Flutkatastrophe in Nordrhein-Westfalen und in Rheinland-Pfalz mit vielen Toten und Sachschäden in Höhe mehrerer Milliarden machten betroffen und führten zu einer großen, teils spontanen Solidarität. Immer dann, wenn die Not anderer Menschen uns hautnah berührt, spüren wir Empathie und die Bereitschaft zur Hilfe. Krisen und Notlagen verbinden Menschen und stärken in der Gemeinschaft den Willen und die Tatkraft.

Häufig im Leben wird auch der bequemere Weg mit Wegschauen und Verdrängen gewählt. Manchmal aus der Sorge um die eigene Überforderung. Ich erlebe auch die Haltung „Was geht mich das an?" Eine egoistische Haltung und ein

Ausblenden der Mitverantwortung für das Gelingen von Gemeinschaft und Solidarität. Motiv ist möglicherweise auch die eigene Unzufriedenheit oder eine resignative Lebenseinstellung. Wird aber selbst eine Hilflosigkeit erfahren, ist das Geschrei recht groß.

Losgelöst von den lebhaften Diskussionen über die motivierende Botschaft der Kanzlerin Angela Merkel im Herbst 2015 („Wir schaffen das"), zeigten Bürger und Bürgerinnen ihre Verantwortung in dieser globalen Welt. Sie praktizierten einfach Menschlichkeit. Ein Bedürfnis, das tief in jedem von uns verankert ist. Es geht um anerkennende Wertschätzung. Und dazu brauchen wir das menschliche Gegenüber. Oder anders ausgedrückt, wir wollen in unserer Persönlichkeit respektiert und geliebt werden. Das gilt für jede zwischenmenschliche Beziehung. Es schmerzt schon sehr, wenn die urmenschlichen Bedürfnisse nicht erfüllt werden. Jeder Mensch ist ein Individuum mit seinen Stärken, aber auch mit seinen Ecken und Kanten. Letztere empfinden wir oft als ärgerlich, ja manchmal können sie auch sehr verletzend sein. Stärken, die mit Arroganz und Dominanz von außen auf uns einwirken, bringen uns schon mal zur Irritation, zur Einschüchterung oder gar zur Wut.

Ich erinnere mich an das Sprichwort „Wo gehobelt wird, da fallen Späne". Mir ist klar, wenn Entscheidungen getroffen, Lösungen gefunden oder etwas erarbeitet wird, dann gibt es keine Garantie für Erfolg und Perfektion. Der Anspruch ist da, doch wer kann ihn auch erfüllen? Kein Mensch auf dieser Erde ist vollkommen. Die menschliche Begrenztheit und das eigene Schwächeln in unterschiedlichsten Facetten erfahren wir doch irgendwie jeden Tag. Da ist der heutige, moderne Mensch weder besser noch schlechter als alle Generationen vor uns. Immer wieder sind unser Reden sowie das Tun mit dem Makel des Unperfekten behaftet. Die Ursachen dafür sind vielschichtig. Menschen sind beispielsweise vergesslich und machen aus vielerlei Gründen Fehler. Eines der größten

Schwächepotenziale erlebe ich in der Kommunikation mit unserem Reden, Denken und Handeln. Es sind unsere Emotionen, die Kommunikation und das Miteinander wesentlich mitbestimmen. Das Reden über Gefühle ist selbst schon eine riesige Überwindung. Da begleitet uns die Angst, wir könnten missverstanden oder gar ausgelacht werden. Das möchte niemand. So werden Mechanismen genutzt wie Ausreden, Lüge, Schweigen, Thema wechseln, Belächeln oder auch das Betrachten durch einer rosaroten Brille. Das gibt dann Schutz nach außen, zumindest in der aktuellen Situation. Die Gefühlslage nach innen mag für den Augenblick beruhigt sein. Doch alles, was unterdrückt wird, kommt früher oder später wieder an die Oberfläche und dann in stärkerer Potenz.

Der Philosoph und Buchautor Richard David Precht sagte 2011 in einem WDR-Talk:

„Der Mensch ist ein unglaublich anpassungsfähiges Tier. Aber er ist auch in der Lage, sich selbst unglaublich gut in die Tasche zu lügen. Das ist eine Fähigkeit, die den Menschen von allen Tieren unterscheidet. Kein Tier beherrscht die doppelte Buchführung in Sachen Moral so gut wie der Mensch. Das heißt, wir krücken (lügen) und räumen uns die Welt zurecht, indem wir uns mit anderen immer wieder vergleichen und wir sie für schlechter halten als uns selbst. Und dann sind wir auf einmal wieder sehr viel besser als andere." [1]

Die menschliche Unvollkommenheit wirkt sowohl nach innen als auch nach außen. Wie oft bereuen wir unberechtigte Vorwürfe oder unser fehlerhaftes Handeln. Wir ärgern uns über uns selbst und tun uns doch schwer, unser Fehlverhalten offen zuzugeben. Stattdessen Ablenkung mit Fokussierung auf Schwächen anderer. Gefühle wie Neid oder Missgunst spielen im Zusammenleben offen oder unterschwellig sehr oft eine Rolle. Wir fühlen uns benachteiligt. Ein Arbeitskollege erzählte mir einmal, dass sein Sohn eines Tages begeistert von seinem Freund nach Hause kam und berichtete: „Papa, die Eltern von Michael, die sind richtig reich und fahren einen Porsche." Der Vater habe darauf erwidert: „Du siehst den Porsche und das ist ein großartiges Auto. Du kannst aber nicht sehen, ob der Porsche nur geliehen oder mit Schulden gekauft wurde." Menschen schauen immer zuerst auf das, was wir mit den Augen wahrnehmen können. Viele andere Dinge im Hintergrund bleiben unsichtbar. Deshalb kommt es immer wieder vor, dass wir uns blenden lassen.

In der Bank habe ich Kunden kennengelernt, die wirklich reich waren, die sich aber äußerlich bescheiden zeigten. Umgekehrt sind mir auch Kunden begegnet, die sich verschuldeten, nur um nach außen mit etwas Luxus angegeben zu können. Der Wert einer Person ist niemals mit dem messbar, was er ist oder was er hat. Wenn ich in den Spiegel schaue, sehe ich nur mein Gesicht. Damit kann ich zufrieden oder eben auch unzufrieden sein. Das hängt von meinen Erwartungen und Wünschen ab. Diese werden auch durch Vergleiche mit anderen Personen geprägt. Ein gewisses Maß an Bescheidenheit und Dankbarkeit fürs Leben fördern eher unsere Glücksempfindungen. Aus einer so gewonnenen Rundumzufriedenheit kann es mir auch gelingen, insgesamt etwas gelassener zu sein. In den letzten Jahren ist mir bewusst geworden, dass viele äußerliche Wohlstandssymbole für mich nicht mehr so wichtig sind. So sehe ich das Auto nur noch als einen praktischen Gebrauchsgegenstand. Das regelmäßige Autowaschen und Polieren der glänzenden Chromleisten ist längst Vergangenheit. Beim Einkaufen frage ich mich oft: Brauche ich das oder ist es für mich nicht so wichtig? Früher folgte ich allen Einladungen, weil ich meinte, dass ich dabei sein müsste. An meinem 50. Geburtstag fragte mich mein Chef in der Bank, ob sich denn für mich jetzt etwas ändere. Ich sagte mit einer inneren Gelassenheit: „Jetzt kann ich sagen, was ich denke und was mir wichtig ist." Ergänzend sagte ich: „Okay, ich darf

natürlich niemanden persönlich angreifen oder beleidigen."
Respektvoll und achtsam mit sich selbst sowie mit anderen umzugehen, ist ein hoher Anspruch und in der Wirklichkeit des Alltages nie perfekt zu erreichen. Schon das Wissen und das Bemühen darum sind ein guter Weg.

Mit all diesen Themen sind wir privat und beruflich unterwegs. In meinem Berufsleben als Kreditberater wurde ich nicht nur mit den Fakten konfrontiert, sondern immer auch mit den Menschen, die ich häufig über viele Jahre betreut habe. Die Zahlen für oder gegen die Bereitstellung eines Krediftes waren für mich immer nur eine Seite der Medaille. Der Mensch und seine Bedürfnisse, soweit die Bank sie erfüllen konnte, standen für mich immer mit im Vordergrund. Gewiss hatte ich auch die Zielvorgaben meines Arbeitgebers stets im Auge. Mein Weg zur Zielerfüllung war nicht das rhetorische Verkaufsgespräch, sondern die offene und faire partnerschaftliche Beziehung. Aus diesem sehr lebendigen und vertrauensvoll geprägten Miteinander konnte ich für meine Kunden und für die Bank über viele Jahre recht erfolgreich tätig sein. Und über Erfolge habe ich mich selbst natürlich auch sehr gefreut. Das stärkte dann auch meine Motivation und Zufriedenheit.

DAS MORGEN IST ANDERS ALS DAS HEUTE. HERAUSFORDERUNGEN BRAUCHEN WEITSICHT UND MUT

„Ja, immer, immer wieder geht die Sonne auf. Denn Dunkelheit für immer gibt es nicht. Die gibt es nicht." Ein Lied, das Zuversicht und Hoffnung verbreitet. So sang es der inzwischen verstorbene Udo Jürgens. Licht und Schatten des Lebens gehörten für ihn als Realität auch in seine Songtexte. Das machte ihn authentisch. Sein Gesang berührte die Zuhörer. Höhen und Tiefen, Freude und Trauer, Aufbruch und Resignation, Erfolg und Niederlage sind Teil unseres Lebens.

Seit Milliarden von Jahren dreht sich unser Planet Erde um die Sonne. Jahr für Jahr mit Zeiteinheiten von Monaten, Tagen, Stunden und Sekunden. Tag und Nacht. Und alles wirkt sehr winzig im Verhältnis zum grenzenlosen Universum, das die Menschheit stets mit Interesse und immer leistungsfähigeren Techniken weiter und tiefer zu ergründen sucht. Es scheint, dass alles eine Zeit des Werdens und eine Zeit des Vergehens hat. Und dazwischen liegen große Veränderungen, die wir für unsere Erde als Evolution bezeichnen und die im Heute auch noch nicht beendet sind. Uns Menschen in der Entwicklung als Homo sapiens gibt es erst etwa seit einigen Millionen Jahre. Eine sehr lange Zeit; aber auch das ist relativ.

So wie sich das Universum und unsere Mutter Erde stets im Wandel befinden, so geht es jedem einzelnen Erdenbürger im Laufe seines Lebens. Nichts bleibt für immer gleich. In der Tier- und Pflanzenwelt sorgten die Kräfte der Evolution dafür, dass die nötigen Anpassungen über lange Zeiträume und Generationen ein Überleben möglich machten. Neue Erkenntnisse und Anpassungen sind oftmals Tag für Tag erforderlich.

Der Mensch mit großartigen Fähigkeiten und seinem eigenen Willen verhält sich nicht immer klug und verantwortlich und schaut primär auf das *Jetzt* und weniger perspektivisch auf das, was kommen mag. „Ich lebe jetzt und will mein Leben genießen!" Das tut im Moment gut. Allein das Festhalten an alten Traditionen und das Verhaltensmuster „Das war immer so" blockieren nötige Fortschritte. Es gibt den Ausspruch: „Wer sich nicht bewegt, der wird bewegt."

Der im Dezember 2014 plötzlich verstorbene Komponist und Sänger Udo Jürgens hat auch Lieder auf die Zukunft gesungen. Das Lied „Ihr von Morgen" hat eine besondere Aktualität im Hinblick auf die Probleme der Welt und insbesondere auf den Umgang mit irdischen Ressourcen und dem Klima.

Zu diesem Lied habe ich selbst eine besondere Beziehung. Einmal, weil mich das Thema auch mit Sorge für künftige Generationen beschäftigt. Und weil ich in unserem Männerchor schon bei den Proben vom Inhalt und der Melodie immer wieder berührt wurde. Für mich ist es ein Wachrütteln und eine Botschaft an die heute Lebenden. Im Konzert unseres Chores fand dieses Lied von Udo Jürgens einen großen Zuspruch mit langem Applaus. Das war für uns Sänger schön. Doch fürchte ich, dass die Botschaft dieses Liedes im Alltag schnell verstaubt. Von Udo Jürgens war es kurz vor seinem Tod wohl intuitiv eine wichtige letzte Botschaft an uns alle heute.

In der modernen Welt des 20. und 21. Jahrhunderts haben sich gravierende, weltumfassende Veränderungen mit einem rasanten Tempo ergeben. Die Reinheit von Luft, Wasser und Boden ist weltumspannend starken Belastungen ausgesetzt. Das enorme Bevölkerungswachstum, die Mobilität mit ihren Umweltbelastungen, ein Leben mit Freizeit- und Wohlstandmehrungen sowie der Verbrauch der irdischen Ressourcen wie Öl, Gas und vieler Bodenschätze sind gewaltig. Was einmal verbraucht ist, kann nicht mehr genutzt werden. Stellen wir uns die Folgen vor, wenn die gesamte Weltbevölkerung so verbrauchsorientiert lebte, wie es die Menschen in den Wohlstandsländern in den letzten Jahrzehnten gewohnt sind.

Alle Menschen dieser Erde sollten die gleichen Rechte und Lebensbedingungen haben. Ein schöner Wunsch, der wohl nie Realität wird. Jeder möchte von anderen achtsam und fair behandelt werden. Ein hoher Anspruch, den wir Mensch niemals perfekt und permanent selbst leben. Egoistische Verhaltensweisen und persönliche Schwächen gehören zum unperfekten Menschen in allen Zeiten.

Der Mensch wird nackt und hilflos als Säugling geboren. Er braucht Jahre, um erwachsen zu werden und seine Persönlichkeit zu entwickeln. Die Zeit der Pubertät als Tor zur Eigenständigkeit ist für Eltern genauso schwierig wie für die Tochter oder den Sohn. Vater und Mutter lernen das Loslassen durch Verantwortungsübergabe an ihr Kind. Schlaflose Nächte und das Verständnis für einen anderen Lebensweg erfordern Vertrauen und Toleranz. Eine große Herausforderung für Eltern. Junge Menschen brauchen Zeit und Raum, um ihre Charaktereigenschaften und Mentalitäten kennenzulernen. Ausprobieren, Fehler machen, Sackgassenerlebnisse und Niederlagen stärken letztlich für das ganze Leben. Ein Einser-Abitur und Studium entscheiden nicht über Lebensglück und Erfolg. Menschen haben unterschiedliche Mentalitäten, Fähigkeiten und Interessen. Wo diese weitgehend frei gelebt werden können, wächst die ganz persönliche Zufriedenheit; das individuelle „Glücklichsein.

Der Lebensalltag, Familie, Arbeit und Freizeit, aller Generationen gestaltet sich sehr verschieden, weil die Rahmenbedingungen sich verändern und sehr unterschiedlich sein können. Ich selbst gehöre beispielsweise der Nachkriegsgeneration an, die ohne Krieg in einer freiheitlichen Demokratie mit einer permanenten Wohlstandsmehrung aufwachsen konnte. In den 50er-Jahren, nach dem 2. Weltkrieg, wuchs ich behütet mit vier Geschwistern auf einem Bauernhof auf. Die teils schwere Handarbeit auf dem Acker, das Melken und Füttern der Kühe auch am Sonntag bestimmten den Lebensalltag. Für meine Geschwister und mich war es selbstverständlich, dass wir bei leichten Arbeiten auf dem Hof mitgeholfen haben. Das Treckerfahren, insbesondere mit dem alten Lanz-Bulldog, machte ja auch riesigen Spaß. Als Jugendlicher gab es am Sonntagmorgen nach einer Party keine Möglichkeit zum Ausschlafen, denn die Kühe mussten ja gemolken werden. Das fand ich gar nicht schön, habe es aber akzeptiert. Das Mithelfen auf dem Hof wurde in der damaligen Zeit nicht in Frage gestellt. Es war ja üblich. Nach Eintritt in das Berufsleben mit einer Lehre zum Bankkaufmann fühlte ich mich sehr zufrieden, weil die Kontakte mit Kunden und die Tätigkeiten mein Ding waren. Parallel entwickelte ich Interessen für ehrenamtliche Tätigkeiten in Kirche und Vereinen und später auch in der Kommunalpolitik. Meine Engagements waren erfolgreich und mein Lohn waren Freude und Zufriedenheit. Weil die Arbeit meinen Neigungen entsprach und ich Freude daran erlebte. Freude und Engagement, mit Mut und Weitsicht verbunden, sind die Basis für Erfolg. Und den habe ich stets genossen.

Beruflich hatte ich neben der Freude an der Arbeit auch Erfolg und ein wachsendes gutes Einkommen. Mein erstes Gehalt 1970 nach der Lehre betrug 486 D-Mark, was in heutiger Währung 248 Euro sind. In Urlaub fahren oder Fliegen war damals nicht finanzierbar und allgemein noch nicht üblich. Als Realist habe ich das ohne Enttäuschung angenommen. In Deutschland folgten wirtschaftlich wachstumsstarke Jahrzehnte mit guten tariflichen Lohnerhöhungen und parallel gab es für mich gute Aufstiegschancen im Beruf. Trotz wachsendem Wohlstand blieben mir eine gewisse Sparsamkeit und weitsichtige Ausgabenplanung, die ich in der Kindheit gelernt hatte.

Als Bankkaufmann im Bereich der Kreditvergaben bekam ich immer wieder mit, dass ein Kredit die Anschaffung eines Autos oder einer Reise und somit ein angenehmeres Leben ermöglicht. Ein Kredit muss jedoch zurückgezahlt werden und reduziert damit die laufende Liquidität, die Freiheit für neue Ausgaben in der Zukunft. Leben auf Pump mit einem Kredit ist sicherlich für den Bau oder Kauf eines Hauses sinnvoll und notwendig, aber nicht immer für kurzlebige Ausgaben. Geld, was heute ausgegeben ist, fehlt in der Zukunft. Das gilt für den Staat ebenso wie für alle Bürgerinnen und Bürger. Schulden machen ist somit eine Wohlstandsvorwegnahme.

Die vergangenen Jahrzehnte waren stark geprägt durch Wachstum in fast allen Bereichen. Die Wirtschaft expandierte von Jahr zu Jahr und der Export deutscher Produkte in die ganze Welt ist heute gewaltig. Made in Germany wurde regelrecht zu einem Exportschlager. Die Globalisierung hat hier vieles ermöglicht. Wo Licht ist, gibt es aber auch immer Schatten. Manche Lebensgewohnheiten und die schrankenlose Ausbeutung irdischer Bodenschätze führten nicht zu den erhofften rosigen Zeiten.

In allen Ländern der Erde hat die Mobilität der Menschen enorm zugenommen. Die Flugverbindungen der verschiedenen Airlines sind weltumspannend. Fliegen ist schnell und wurde durch den Wettbewerb der Anbieter auch für jeden erschwinglich. Billigangebote wie beispielsweise für 69 Euro nach Mallorca sind weder kostendeckend noch ein Beitrag zum Umweltschutz. Insbesondere Urlauber und junge Leute nutzen diese Angebote und es ist eine Bereicherung für das weltweite Miteinander. Die Menschen der Welt, unabhängig von ihrer Hautfarbe und Herkunft, rücken zusammen. Einerseits gut, es verursacht aber auch weltweit stärkere Belastungen für Umwelt und Klima. Die aktuell mehr als acht Milliarden Menschen auf unserem begrenzten Planeten verbrauchen in der Summe mehr Ressourcen, als unsere Erde perspektivisch ertragen kann.

Niedrigpreise sind bei den Anbietern Kampfpreise für Marktanteile und Umsatzgröße. Das macht Kosteneinsparungen in anderen Bereichen erforderlich. Arbeitnehmer*innen spüren den zunehmenden Arbeitsdruck durch personalsparende Arbeitsverdichtungen. Lohnerhöhungen konnten in den letzten Jahren oftmals nur nach gewerkschaftlich unterstützten Streiks mit sehr maßvollen Ergebnissen erreicht werden. Öffentliche wie private Arbeitgeber tendieren dazu, den großen Kostenblock „Personalkosten" zu deckeln. Steigende Bürokratie und zunehmende Komplexität erhöhen den Druck auf die Mitarbeiter*innen und führen immer häufiger zu Überforderungen bis hin zum Burnout oder einer inneren Kündigung. Sehr massiv zeigt sich das auch in den Pflegeberufen wie in Seniorenheimen und Krankenhäusern. Diese Berufe sind mit einer besonderen Empathie verbunden, was den Leistungsdruck bei personellen Unterbesetzungen zusätzlich erhöht.

Das Leben auf unserer Erde hat sich vielschichtig verändert. Die Lebenserwartungen sind dank Wohlstandssteigerungen und großen medizinischen Entwicklungen deutlich gestiegen. Die Tendenz scheint sich weiter fortzusetzen, was dazu führt, dass gesellschaftspolitisch neue Herausforderungen zu lösen sind. Jeder möchte gern alt werden, aber nicht alt sein. Ein längeres Leben gibt es nicht umsonst. Neben der gesundheitlichen Vorsorge in Eigenverantwortung sind die Kosten für das Gesundheitssystem mit immer mehr Heilungsmöglichkeiten stark angestiegen. Das meiste wird über eine Krankenkasse bezahlt. Das Geld kommt jedoch immer von uns, den Bürgerinnen und Bürgern. Egal, ob über direkte Krankenkassenbeiträge oder über Subventionierung aus den Steuereinnahmen.

Auch unser Rentensystem ist eine soziale Errungenschaft. Getragen von einer Solidargemeinschaft und deren Beitragseinzahlungen über Jahrzehnte. Da wir in der Regel alle älter werden als frühere Generationen, ist ein zeitlich höheres Renteneintrittsalter nur logisch und notwendig. Zur Sicherung des Rentensystems in Deutschland bedarf es für die heute noch Jüngeren dringend einer großen Reform. Eine Rentenhöhe von nur 48 % des letzten Einkommens ist für Großteile der Gesellschaft keine ausreichende Lebensgrundlage im Alter. Bereits heute wird das Rentensystem jährlich mit mehr als 100 Milliarden Euro aus Steuermittel subventioniert und damit am Leben erhalten. Eine Erhöhung der Rentenbeiträge oder ein Absenken der Rentenhöhe ist seit Jahren erforderlich. Da das unpopulär und mit sozialen Härten verbunden ist, möchte die Politik uns Bürgerinnen und Bürgern das nicht zumuten. Motiv ist die Angst der Politiker, nicht wieder gewählt zu werden. Die seit Dezember 2021 regierende Ampel-Koalition will das Rentensystem mit einer kapitalgedeckten Stütze zukunftsfähiger machen. Wie das konkret erfolgen soll, ist derzeit noch offen. Der Ansatz, hier etwas zu ändern, ist auf jeden Fall notwendig und richtig. Das wird aber zusätzlich hohe Milliardenbeträge binden, die für unseren gewohnten Wohlstand nicht mehr verfügbar sein werden.

Weitere Herausforderungen für unsere Gesellschaft zeigen sich in dem Erneuerungsbedarf der Infrastruktur in allen staatlichen Zuständigkeiten. Ob im Hochbau oder im Tiefbau, alles muss regelmäßig instandgehalten und irgendwann erneuert werden. Ein ordentlicher Kaufmann würde vorsorgen und etwa in Höhe der Abschreibungen (Wertverlust) laufend sanieren oder Rücklagen bilden. In der Summe kommen jährlich Beträge zusammen, die aus den laufenden Steuereinnahmen bei Weitem nicht finanzierbar sind. Ganz offensichtlich hat sich hier in den letzten Jahrzehnten ein Investitionsstau aufgetan, der dringend beseitigt werden muss. Faktisch haben wir jahrelang über die Verhältnisse gelebt. Inzwischen haben wir eine Situation erreicht, in der es in unserer Gesellschaft kein Weiter so geben darf und auch nicht kann. Dabei gibt es verschiedene Möglichkeiten.

Erstens: Unsere staatlichen Ebenen von den Kommunen bis zum Bund nehmen neue Kredite auf und erhöhen die Gesamtverschuldung. Das finanzielle Problem wird dabei auf künftige

Generationen verlagert. Das wäre nicht verantwortbar und daher ist die Einhaltung der grundgesetzlichen Schuldenbremse gerecht und notwendig.

Zweitens: Die Ausbaustandards in architektonischer Hinsicht könnten auf ein zweckentsprechendes Maß reduziert werden. Städtebauliche Anforderungen und die Überzeugungskraft der planenden Architekten führen häufig zu attraktiven, aber kostensteigenden Gestaltungselementen. Bei Ausschreibungen für Planungsbüros werden anfangs noch die Gebäudepraktikabilität und eine möglichst kostengünstige Gebäudeunterhaltung gefordert. Im Zuge der weiteren Detailplanungen und durch nachträgliche Änderungen laufen Bauzeiten- und Kostenplan sehr schnell aus dem Ruder. Schöne, bunte 3D-Ansichten und ansprechende Baumodelle finden bei Entscheidungsträger*innen und Bürger*innen eher Zuspruch als mehrere 100 Seiten Ausschreibungstexte. Was Menschen brauchen, ist wichtiger als überteuerte öffentliche Investitionen.

Drittens: Viele Neubauten in den Innenstädten haben eine sehr lange Realisierungszeit von der Planung bis zur Fertigstellung, weil die archäologischen Bodenuntersuchungen sehr intensiv und zeitaufwändig sind. Neben den Kosten für archäologische Arbeiten führen Verzögerungen des Baubeginnes zu erheblichen Preissteigerungen. Für manche private Bauherren wird das zu einem unkalkulierbaren Risiko. So ist es beispielsweise in Nordrhein-Westfalen. Die Archäologie darf nicht über die Grundbedürfnisse der Bürger gestellt werden. Denn die Finanzkraft der Kommunen ist schon stark geschwächt. Kürzungen bei Sozialleistungen wären unverantwortbar. Wo nicht in die Tiefe neu gebaut wird, sollten beispielsweise alte Gebäudefundamente im Boden unangetastet bleiben. Wo die Archäologie zulasten der Grundstückseigentümer Narrenfreiheit für Schippchen und Pinsel hat, sollte es Grenzen geben. Das braucht Anpassungsmut, den ernsthaften Willen von Politikern und entsprechende Behördenregelungen.

Viertens: Intensivierung der Einbindung der Bürger bezüglich Festlegung der Ausbaustandards. Beispielsweise bei einer Erneuerung von Wohn- und Anliegerstraßen. Da, wo Anlieger für Straßenerneuerungen zur Kasse gebeten werden, sollten sie zumindest ein Mitspracherecht haben.

Fünftens: Die heutigen Ausschreibungsbestimmungen für Neubauprojekte sind komplex und kompliziert. Durch die Digitalisierung der Ausschreibungsunterlagen mit unzähligen Details wird es menschlich immer schwieriger, auf vielen 100 Seiten den vollständigen Überblick über die Einhaltung aller maßgeblichen Grundlagen zu behalten. Unvollständigkeiten zeigen sich oftmals dann in der Bauphase. So führen Perfektionsansprüche zu Unübersichtlichkeit und letztlich zu Risiken und Mehrkosten.

Ein reibungsloses und gerechtes Funktionieren unserer modernen, hochtechnologischen und IT-gestützten Gesellschaft wird für uns Menschen zunehmend komplexer und damit auch anfälliger. Expertenwissen und Unterstützung müssen zunehmend in Anspruch genommen werden. Was in Teilbereichen menschlich überschaubar und beherrschbar ist, geht häufig, wenn es das Ganze betrifft, verloren. Die KI (Künstliche Intelligenz) der digitalen Steuerungstechniken und Systeme kann uns Menschen schon sehr viel an Aufgaben abnehmen, doch der Mensch muss alles verstehen und die letzte Entscheidungshoheit behalten.

Der Mensch, als sogenannte Krone der Schöpfung, ist Teil der Entwicklung und zugleich Motor für Fortschritt. Das Bündeln von personellen Ressourcen mit Talenten und Ideen macht stark und ermöglicht Veränderungen. Als Einzelne fühlen wir uns vielleicht zu allein gelassen, um gegen den Strom schwimmen. Das Sprichwort „Gemeinsam macht stark" und „Alleine macht einsam" ist in unserem Alltag häufig so oder so Realität. Der Mensch lebt als soziales Wesen vom Miteinander und von einer guten Kommunikation. Wie auf dem Fußballplatz ist jeder in seiner Funktion wichtig. Die ersehnten Tore sind nur möglich, wenn die einzelnen Spieler als Gemeinschaft zusammenspielen.

Wir Menschen sind soziale Wesen und brauchen das „Du", ein Miteinander insbesondere in Familie, Arbeit und Freizeit. Kinder brauchen ein Zuhause, wo sie geliebt, verstanden, getröstet und ermutigt oder unterstützt werden. Auseinandersetzungen mit Mutter und Vater, ob alleinerziehend oder gemeinsame Eltern beziehungsweise in Patchworkfamilie, gehören zum Reifeprozess junger Menschen. Der heutzutage gemeinsame Terminkalender ermöglicht Zeiten für das Miteinander. Freie Zeiten, die stark durch Anforderungen im Berufsleben von Mutter und Vater, langen Fahrtzeiten zur Arbeitsstelle, Einkaufen sowie individuellen Freizeitaktivitäten sehr begrenzt sind. Familie bedeutet heute: Zeitmanagement und Organisation und eine gute Kommunikation. Die Bedürfnisse nach einem intensiven Gespräch oder einem liebevollen Kümmern bleiben da schon mal unerfüllt.

Die Grundbedürfnisse unseres Lebens sind wie zu allen Zeiten. Nur die Art und Weisen haben sich zum Teil erheblich geändert. Ein gemeinsames Essen in der Familie ist nicht selbstverständlich, weil Familienangehörige ganz unterschiedlich ihren Alltag mit Beruf, Schule und Hobbys terminieren. Von älteren Personen höre ich hin und wieder noch den Ausspruch: „Früher war alles besser." Das ist jedoch eine subjektive Wahrnehmung im persönlichen Rückblick auf frühere Zeiten. Zu allen Zeiten wurde von Menschen das „Früher" rückblickend immer „anders" betrachtet. In jeder Zeitepoche und in jedem persönlichen Lebensabschnitt gibt es Dinge oder Situationen, die eben anders geworden sind. So wie nicht alles „Neue nur besser ist, so ist auch nicht alles

„Frühere" nur schlechter. Jegliche Entwicklungen und Situationen haben gleichzeitig etwas Positives und etwas Negatives. Eine Vielzahl von Möglichkeiten und Chancen kann auch unübersichtlich oder gar unsicher machen. Zudem wird die Realität immer auch durch die persönliche Brille gesehen. Nicht alle Verlockungen und Versprechungen erfüllen den Anspruch an Klarheit und Wahrheit. Mogelpackungen und irreführende Begrifflichkeiten sind oftmals verkaufsförderndes Marketing. Zudem ist kein Mensch zu 100 % perfekt und Schwächen und Fehler sind Teil unserer Menschlichkeit.

Die Gründe für Fehlermachen sind jedoch vielschichtig. Ich kann etwas übersehen haben. Beispielsweise beim Autofahren das Schild für die Geschwindigkeitsbegrenzung. Versehen, Unachtsamkeit, Missverständnisse oder Falscheinschätzung sind sehr menschlich.

Kaum verzeihbar ist jedoch ein bewusstes Fehlverhalten zum Nachteil oder Schaden anderer. Die Lüge zur Rechtfertigung der eigenen Person ist tagtäglich in allen Lebensbereichen die gewöhnlichste. Aus unterschiedlichen Motiven bedienen wir uns alle zumindest im Kleinen immer wieder der Vertuschungs- oder Rechtfertigungslüge. Manchmal aus Not oder Angst vor der Wahrheit. Die Lüge kann daher auch ein Schutzschild für das eigene Ich sein.

Nicht akzeptabel sind Verhaltensweisen, die fahrlässig oder grob fahrlässig zum Schaden anderer führen. Dann wird der Mensch zum Täter, so dass es entsprechender Konsequenzen bedarf. Gewalt jeglicher Art, auch innerhalb der Familie, muss aufgeklärt und angemessen bestraft werden. Mit seiner Rechtsstaatlichkeit ist Deutschland für viele andere Länder Vorbild. Die Aufarbeitung für ein Gerichtsverfahren dauert jedoch in vielen Fällen zu lange, weil die personelle Ausstattung der Gerichte mit dem Anstieg der Verfahren nicht mitgewachsen ist. Damit insbesondere jugendliche Straftäter zeitnah auch ihr Verfahren und ein Urteil bekommen, braucht es offensichtlich mehr Richter. Die Wirkung einer Strafe ist größer, wenn sie im zeitlichen Zusammenhang mit der Tat steht. Ein staatliches Versäumnis in der Vergangenheit. Ursächlich sind die ständig gewachsene Komplexität an Regeln und Gesetzen sowie die nicht mitgewachsene Personalausstattung der Gerichte. Rechtsprechungen werden häufig von höheren Instanzen aufgehoben, weil ihnen eine andere Gesetzesregelung widerspricht oder nicht bei der Entscheidung berücksichtigt wurde. Zutreffend ist wohl das Sprichwort „Auf hoher See und vor Gericht sind wir allein in Gottes Hand".

GROSSE GESELLSCHAFTLICHE HERAUSFORDERUNGEN KOSTEN GELD UND BEEINFLUSSEN UNSEREN WOHLSTAND

In unserem Land, der Bundesrepublik Deutschland, leben inzwischen mehr als 84 Millionen Einwohner. Wir genießen die freie Meinungsäußerung und eine unabhängige Justiz, die nach Recht und Gesetz urteilt. Unser Gesundheitssystem mit freier Arztwahl und leistungsfähigen Kliniken nutzen wir wie selbstverständlich und gibt uns auch bei Schwersterkrankungen Hoffnung auf Linderung und Heilung. Die sozialen Netzwerke wie Arbeitslosengeld, Hartz IV beziehungsweise neue Bezeichnung „Bürgergeld", Krankengeld, Wohngeld, Bafög und weitere Unterstützungsleistungen lassen niemanden in unserem Land verhungern. Die öffentlichen Fördertöpfe sind vielfältig und umfangreich. An all das haben wir uns seit Jahrzehnten gewöhnt. Wie selbstverständlich erwarten wir, dass unser Staat weiterhin so gut für uns sorgt. Und dass es so bleibt, wie es ist. Schön wäre es, aber der staatliche Wohltaten-Esel lebt nicht von Luft und Liebe. Er muss auch gefüttert werden. Wir Bürger und Bürgerinnen sind es, die je nach unseren Einkommensverhältnissen das Futter für staatliche Wohltaten zur Verfügung stellen – in Form von Steuerzahlungen, Abgaben und Gebühren.

Bei der Deutschen Rentenversicherung gilt immer noch das Grundprinzip, dass die arbeitenden Menschen mit ihren Rentenbeiträgen die Renten der älteren Bevölkerung finanzieren. Dieser Generationenvertrag ist bereits seit Jahren in Schieflage. Aus dem Bundeshaushalt werden jährlich deutlich mehr als 100 Milliarden Euro zur Rentensicherung zur Verfügung gestellt. Und in den nächsten Jahren wird dieser Finanzbedarf mit Eintritt der geburtsstarken Jahrgänge in das Rentenalter drastisch steigen. Ein weiteres Absenken der

Renten von aktuell nur noch 48 % des letzten Einkommens gibt vielen künftigen Rentner*innen kein existenzsicherndes Auskommen. Die vor Jahren staatlich forcierten Riester-Renten oder die Rürup-Rente waren gut gedacht, aber faktisch kaum ertragreich und daher keine Entlastung für unser Rentensystem. Auch diejenigen Bürger und Bürgerinnen, die privat fürs Alter Geld gespart haben, konnten auf Grund der seit Jahren existierenden Nullzins-Politik der Europäischen Zentralbank kaum Rücklagen für das Alter aufbauen. Unter Einbeziehung der jährlichen Inflation ist ihr Geldvermögen über Jahre sogar im Wert erheblich gefallen. Rechnerisch ergibt sich bei einer jährlichen Inflationsrate von beispielsweise 2 % über zehn Jahre ein Wertverlust von 20 %. Die private Vorsorge für das Rentenalter war ein guter Plan. Doch die faktische Geldentwertung über Jahre erfordert deutliche Einschränkungen im Alter. Ähnliche Erfahrungen haben Pensionsfonds gemacht, mit der Folge, dass Zusatzrenten deutlich niedriger ausfallen als prognostiziert. Gleichzeitig haben die staatlichen Ebenen von Gemeinde bis zum Bund über mehr als zehn Jahre mehrere 100 Milliarden Euro Zinskosten für ihre Kredite eingespart. Viele Wohltaten des Staates wurden so jahrelang zulasten der vorsorgenden Bürger*innen finanziert. Durch den Wiederanstieg des Zinsniveaus seit 2022 werden die jährlichen Zinskosten allein des Bundes auf 40 Milliarden Euro oder mehr ansteigen. Das erhöht den politischen Druck zu einer sparsamen Haushaltsführung, mit der Folge, dass wünschenswerte Ausgaben für die Menschen zurückgestellt oder gekürzt werden.

   Für die Politik besteht ein dringender Handlungsbedarf, damit auch künftig Menschen in Rente ein ausreichendes Lebenseinkommen haben. Eine weitere Senkung der Rentenhöhe würde für viele künftige Rentner*innen das Abrutschen in die Armut bedeuten. Schon heute müssen Frauen und Männer in Rente ergänzend staatliche Sozialhilfe in Form der Grundsicherung beziehungsweise als Bürgergeld in Anspruch nehmen. Eine steigende Altersarmut ist bereits Realität. Ob Rente oder Sozialhilfe, bezahlt wird immer aus dem Solidartopf und muss von Beitrags- und Steuerzahlern finanziert werden. Eine erhebliche Hypothek für die nachwachsende Bevölkerung mit Auswirkungen auf das künftige Wohlstandsniveau.

Ein weiteres gesellschaftliches Problem ist die aktuelle und weiter anwachsende Personalnot in vielen Branchen. Die offenen Stellen von derzeit mehr als 1,7 Millionen haben ein Arbeitskräfte-Defizit erreicht, das unsere Wirtschaft und unseren Wohlstand gefährdet. In sehr vielen Branchen werden händeringend zusätzliche Mitarbeiter*innen gesucht. Dieses Problem ist nicht vom Himmel gefallen. Vorausschauend war es klar erkennbar. Ein Blick auf die Alterspyramide zeigt es seit vielen Jahren in aller Deutlichkeit. Wenn die Geburtsjahrgänge im rentenfähigen Alter pro Jahr um etwa 300.000 Männer und Frauen stärker sind als die nachwachsenden Geburtsjahrgänge im Alter um die 20 Jahre, dann reduziert sich das Arbeitnehmerpotenzial von Jahr zu Jahr und wächst zu einem dringend zu lösenden Problem. Wirtschaftliche Schäden sind aktuell massiv erkennbar.

In nahezu allen Branchen unserer Wirtschaft fehlen Arbeitskräfte. Nicht nur im Handwerk oder in dem nicht so gut entlohnten Dienstleistungsgewerbe. Die hohe Zahl der Arbeitslosen, die Anfang der 2000er-Jahre mehr als fünf Millionen betrugen, hat sich Mitte 2022 nahezu halbiert. Ein Erfolg, der aber nur wenig mit der Politik unseres Landes zu tun hat. Die demografische Entwicklung mit der Veränderung unserer Alterspyramide hat das Potenzial nachwachsender Arbeitskräfte von Jahr zu Jahr erheblich reduziert. Wenn beispielsweise jährlich 200.000 Männer und Frauen mehr in den wohlverdienten Ruhestand gehen, als junge Menschen in die Berufswelt nachrücken, dann entlastet das die Arbeitslosenstatistik innerhalb von beispielsweise fünf Jahren rechnerisch bereits um eine Million Männer und Frauen.

Das heutige Personaldefizit wird sich in den nächsten Jahren mit Eintritt der starken Jahrgänge, den Babyboomern, massiv verstärken. Eine Entwicklung, die seit vielen Jahren bekannt und vor langer Zeit auch von dem Schweizer Prognos-Institut vorhergesagt wurde.

Die Folgen des Arbeitskräftemangels zeigen erste massive Auswirkungen. Handwerker Wartezeiten, um Reparaturen auszuführen. Im Dienstleistungsbereich werden Öffnungszeiten reduziert oder Teilschließungen vorgenommen. Behörden, Stadtwerke, Arztpraxen und andere Unternehmen sind telefonisch häufig nur über lange Warteschleifen erreichbar. Mehrere Wochen Wartezeiten für einen Termin im Bürgerbüro sind keine Seltenheit. In den Gerichten kommt es zu Verzögerungen bei Verhandlungsterminen und Urteilen. Termine bei Fachärzten mit einer Vorlaufzeit von sieben bis acht Monaten sind nicht selten. Regelrechte Notstandssituationen zeigen sich in unseren Krankenhäusern und Pflegeeinrichtungen. Männer und Frauen gehen bis an ihre psychischen und physischen Grenzen, weil hier intensive menschliche Nähe und Empathie zum Arbeitsalltag gehören.

Die Geduld der Bürger*innen ist schon sehr strapaziert. Zwar gibt es immer mehr Onlineportale, wo Anliegen eingestellt werden. Zeitnahe Rückmeldungen sind nicht selbstverständlich. All das sind keine Zeichen für eine funktionierende Gesellschaft und passen in keiner Weise zu dem Ausspruch der früheren Bundeskanzlerin Angela Merkel: „Deutschland ist ein reiches Land." Doch wo Menschen fehlen und wichtige Aufgaben nicht erledigen, wachsen die Probleme und führen letztlich zur Unzufriedenheit der Bürger*innen. Pauschal gilt das als Versagen der Politik. Mir scheint, dass das seit vielen Jahren eine schleichende Entwicklung ist. Für ein rechtzeitiges Gegensteuern fehlte den Politiker*innen jahrelang der Mut. Die Angst vor unpopulären Entscheidungen und Belastungen im Hinblick auf die nächste Wahl sind wohl parteiübergreifend vorhanden. Jahrzehntelang konnte die Politik mit teils großzügigen Förderprogrammen und Entscheidungen zulasten unserer Staatsverschuldung den gesellschaftlichen Wohlstand kontinuierlich steigern. Für die nächsten Jahrzehnte sind hier die finanziellen Spielräume stark eingeengt, da wir jahrelang über unsere eigentlichen Verhältnisse gelebt haben. Die Zeit, Wohltaten zu verteilen und kostenaufwändige Parteiprogramme umzusetzen, dürfte für lange Jahre vorbei sein.

Die Demografie unserer Gesellschaft ist eindeutig und fordert von der Politik zeitnah entsprechende Maßnahmen für notwendige Korrekturen. Politisch kann das auch als Weiterentwicklung oder Fortschritt tituliert werden. Auch Maßnahmen für mehr Arbeitskräfte gehören dazu. Die Berufstätigkeit der Frauen ist für sie selbst und für unsere Gesellschaft sehr wichtig. Die weiblichen Potenziale sind jedoch bereits weitgehend integriert.

Vor Jahren wurde das Renteneintrittsalter sukzessive auf 67 Jahre erhöht. Das wird nur bedingt zur Stabilisierung unseres Rentensystems ausreichen. Früher gingen Menschen mit 65 Jahren in Rente und bekamen bei einer Lebenserwartung von beispielsweise 75 Jahren dann nur zehn Jahre ihre Rente. Inzwischen ist die Lebenserwartung Neugeborener erheblich gestiegen. Das Verhältnis zwischen Arbeitsjahren und Rentenjahren wird sich weiter stark verändern, so dass auch unser Rentensystem daran angepasst werden muss. Ein weiteres Verschieben des Renteneintrittsalters wäre die logische Konsequenz. Arbeit ist in unserem Land mehr als genug vorhanden. Die Vitalität der heute 70-Jährigen liefert leistungs- und gesundheitsmäßig zumindest das Potenzial für einen längeren Verbleib im Berufsleben. Der viel zitierte Dachdecker, dem mit 65 Jahren die Arbeit bei Wind und Wetter auf Dächern nicht mehr möglich ist oder zugemutet werden kann, könnte durch eine staatlich geförderte Umschulung in einem anderen Beruf tätig werden. Arbeit und Möglichkeiten gäbe es viele. Zudem ist mit Arbeit immer auch ein Stück

Lebenssinn und Zufriedenheit verbunden. Das menschliche Glück wächst stärker durch das Geben als durch das Nehmen. Auch die finanzielle Situation würde sich verbessern, zumal der Arbeitslohn höher ist als die Rente. Dass heute sehr viele Rentner*innen nach dem offiziellen Renteneintritt einen Nebenjob aufnehmen, spricht für neue Modelle für den Übergang vom Vollzeitjob in die Altersrente.

Unsere alternde Gesellschaft wird in den nächsten Jahren den Personalbedarf in Krankenhäusern und Pflegeeinrichtungen erheblich in die Höhe treiben. Das kostet sehr viel Geld. Einerseits durch das starke Ansteigen der pflegebedürftigen Menschen. Und andererseits auch durch mehr und teurere ärztliche Behandlungen. Alles seit vielen Jahren gut bekannt. Mit Minimalanpassungen können wir die sich abzeichnenden Mehrbedarfe nicht menschenwürdig befriedigen Es braucht einen zukunftsweisenden Kraftakt der Politik über die Parteigrenzen und Legislativzeiträume hinaus. Unser Land braucht weitsichtiges, verantwortliches und mutiges Handeln. Auch die offizielle Zuwanderung zur Stärkung unseres Arbeitsmarktes sollte schnellstens zielgerichtet erleichtert werden. Hier kann Deutschland auch von anderen Ländern lernen.

Für jüngere Menschen im Berufsleben ist die „Work-Life-Balance" sehr wichtig. Junge Menschen wollen neben Arbeit Spaß und Freizeit. So sind sie über Jahrzehnte mit wachsendem Wohlstand in Deutschland groß geworden. Die finanziell notwendige Berufstätigkeit junger Mütter und Väter verstärkt das Bedürfnis nach einem fairen Ausgleich zwischen Arbeit und Freizeit. Arbeitgeber zeigen sich verstärkt offen für diese Bedürfnisse. In vielen Berufen wurde das Arbeiten im Homeoffice während der Corona-Pandemie gut eingeübt und dürfte sich zumindest an bestimmten Wochentagen auch dauerhaft durchsetzen. Eine Win-win-Situation für beide Seiten.

In unserer Arbeitslosenstatistik befinden sich auch die vielen Langzeitarbeitslosen. Es sind Menschen mit unterschiedlichen

Handicaps, die sich über Jahre in ihrer prekären Situation eingerichtet haben. Haben wir sie aufgegeben? Das vor einigen Jahren verabschiedete Bundesteilhabegesetz hatte das Ziel, möglichst viele Menschen wieder in die Arbeitswelt zu integrieren und ihnen damit auch die Selbstachtung wiederzugeben. Gesetze sind jedoch immer nur so gut, wie sie vor Ort umgesetzt werden können. Menschen, die ihre Selbstachtung verloren haben, brauchen im Arbeitsleben die Erfahrung „Ich kann etwas und ich werde gebraucht". Ohne eine psychologische Begleitung, zumindest über eine gewisse Zeit, wird es nicht gehen. Das kostet Personal und Geld aus dem Steuertopf, wird sich aber nachhaltig für den Staat und unsere Wirtschaft rechnen. Und als Win-win-Effekt finden Langzeitarbeitslose durch Arbeit und Lohn eine Bestätigung, ja, ein Achtsamkeitserlebnis, das ihnen ihre Würde zurückgibt.

Arbeit gibt es in unserem Lande seit 70 Jahren immer reichlich. Einiges wird als wichtig und vordringlich angesehen. Anderes eher als nebensächlich behandelt. Viele Jahrzehnte haben wir primär auf unsere Exportwirtschaft geschaut und im Hinblick auf die vielen Arbeitsplätze hohe Subventionen vergeben. Beispielsweise die Befreiung von der EEG-Umlage für die großen Stromverbräuche unsere Aluminium-Industrie. Immer wieder war das Argument zu hören: „Da hängen zigtausend Arbeitsplätze dran." Gleichzeitig blieb anderes in unserem Land liegen beziehungsweise wurde in der Umsetzung zurückgestellt.

Auf allen Handlungsfeldern unserer Politiker*innen darf Klarheit und Transparenz nicht fehlen. Wir sind zwar ein wohlhabendes Land, doch unsere Möglichkeiten sind auch begrenzt. Wie sagte doch 2015, in Bezug auf die Aufnahme von Flüchtlingen, Altbundespräsident Joachim Gauck: „Unser Herz ist weit, doch unsere Möglichkeiten sind endlich." Viele Flüchtlinge, die in unser Land kommen, haben hohe Erwartungen. Das Internet zeigt eine Fülle von verlockenden Wohlstandsbildern aus Deutschland, die nicht die vollständige

Realität abbilden. Flüchtlinge, die über Monate schwierigste und gefährliche Fluchtrouten absolvieren, haben es schwer, allein aus dem Internet ein realistisches Bild von dem Leben in Deutschland zu bekommen. Sie folgen verlockenden Bildern und werden am Ziel enttäuscht, weil auch Deutschland seine Schattenseiten hat.

Unser Gesundheits- und Pflegebereich ist im Weltvergleich recht gut. Damit das auch künftig so ist bedarf es einiger dringender Reformen. Verlässlichkeit und Stabilität sind wir unseren alten und kranken Mitbürger*innen schuldig. Geld ist in unserem Steuersack reichlich da, es muss nur entsprechend zum Wohle der Menschen umgeschichtet werden. Weniger teure Prestigeobjekte, Abbau von überholten Subventionen und dafür mehr Erfüllung urmenschlicher Bedürfnisse. Ich erinnere mich an Entscheidungen des Deutschen Bundestages 2009/2010, als in etwa zeitgleich sehr lange über eine Erhöhung des Hartz-IV-Satzes von nur fünf Euro geschrieben und diskutiert wurde, aber ohne lange Diskussionen mehrere 100 Milliarden für den Euro-Rettungsschirm genehmigt wurden. Ich kann mir das nur so erklären, dass fünf Euro für viele Hartz-IV-Empfänger eine fassbare Summe darstellen. Und mehrere 100 Milliarden Euro übersteigen die konkrete Vorstellungskraft für uns Menschen und erscheinen damit eher utopisch und unrealistisch.

Unsere Infrastruktur mit den gewaltigen Straßennetzen, von Bundesautobahnen bis zur Gemeindestraße, oder die Schul- und Verwaltungsgebäude wurden über viele Jahre häufig kaputtgespart oder nicht den veränderten Bedürfnissen angepasst. Laufende Instandhaltungen und Modernisierungen wurden von Jahr zu Jahr zurückgestellt. Die politisch Handelnden hatten häufig andere Prioritäten. Zudem hat das Verkehrsaufkommen im Transitland Deutschland zwischen West und Ost und Nord und Süd erheblich zugenommen. Anzahl- und lastenmäßig. Täglich eine Vielzahl von Staus. Ein Tempolimit, zu der die Politik bisher nicht den Mut hatte, ist faktisch heute schon Realität. Wer beispielsweise mit dem PKW von Münster nach Freiburg unterwegs ist, schafft in der Regel nur eine Durchschnittsgeschwindigkeit von unter 100 km/h. Wie in anderen europäischen Ländern sollte auch Deutschland ein allgemeines Tempolimit auf Autobahnen einführen. Es müssen nicht gleich 100 km/h sein. Als Einstieg wäre eine Höchstgeschwindigkeit von beispielsweise 130 km/h denkbar. Neben den Einsparungen von Benzin/Diesel wäre das auch ein Beitrag zur Verkehrssicherheit. Denn Raserei mit Rechtsüberholen oder von hinten Drängeln gehört zur Realität auf unseren Autobahnen und erhöht das Unfallpotenzial.

Wenn Schulpflegschaftsmitglieder oder Fördervereine marode Situationen in unseren Schulgebäuden oder in den Toilettenanlagen in Eigenregie sanieren, dann ist das ein großartiges bürgerschaftliches Engagement. Zugleich aber ein Armutszeugnis für ein angeblich so reiches Land wie Deutschland. Geld ist in der Summe reichlich vorhanden. Die Priorisierung der Ausgaben durch die politischen Entscheidungsträger ist häufig Klientelpolitik, verbunden mit der Angst vor der nächsten Wahl. Unsere Gesellschaft und das Zusammenleben der Menschen haben sich zu einer Vielfalt und Kompliziertheit entwickelt. Eine ganzheitliche Wahrnehmung mit einer klaren politischen Willensbildung ist schwierig geworden. Die Politiker*innen sind auch immer ein Spiegelbild der Gesellschaft. Die Digitalisierung kann vieles unterstützend übernehmen. Doch sie wurde in deutschen Behörden lange verschlafen. Der Mensch bleibt immer Steuermann/-frau mit seinen individuellen Fähigkeiten und Schwächen. Eine Perfektion aller Dinge wird es mit uns Menschen nie geben.

Die Verwaltungsbehörden von der Stadtverwaltung bis zur europäischen Ebene sind in den letzten Jahrzehnten personell stark expandiert. Neue Aufgaben und Gesetze werden mit dem Bedarf zusätzlicher Arbeitsstellen begründet. Vieles ist komplexer, diversifizierter und damit unübersichtlicher geworden. Ganzheitliche Betrachtungen werden immer schwieriger. So ist es auch verständlich, wenn der Personalbedarf immer weiter nach oben geht. Und jede*r Behördenmitarbeiter*in, egal auf welcher staatlichen Ebene tätig, hat die Aufgaben zügig und nach den maßgeblichen Gesetzen und Verordnungen zu erledigen. Eine ganzheitliche Sicht ist bei der Komplexität der Arbeit immer schwieriger. Obwohl beispielsweise allein das Beschaffungsamt der Bundeswehr mehr als 10.000 Mitarbeiter*innen hat, sieht jede einzelne Person ihren Aufgabenbereich als wichtig an. Die Anforderungen an einen Arbeitsplatz verändern sich laufend, weil Aufgaben und Regelungen sich ändern. Es ist natürlich, dass die lebensfinanzierende Einkommensbühne verteidigt wird. Mein Job ist wichtig und es müssen ja alle gesetzlichen Regelungen eingehalten werden. Daran sollte auch nicht gerüttelt werden. Da sich jedoch Situationen im Leben immer wieder verändern, bedarf es auch eines ständigen Anpassungsprozesses für Gesetze und Verordnungen. Es stellen sich Fragen nach einer Optimierung der Arbeitsorganisation und der Kompetenzen. In einem Unternehmen oder in einer Behörde gelingen strukturelle und personelle Anpassung immer im Miteinander aller Beteiligten am besten. Dazu braucht es rechtzeitige Einbindung und klare Informationen. Menschen haben immer Angst vor Veränderungen, die sie nicht genau in ihren Wirkungen abschätzen können. Offenheit und Fairness sind für Korrekturen unverzichtbar. Bei allen Veränderungen, egal auf welcher Verwaltungsebene, sollten wir den Mut aufbringen, unnötige und überholte Regelungen aufzuheben und neue Gesetze und Verordnungen so zu formulieren, dass sie verständlich, pragmatisch und zügig umgesetzt werden können. All das mit dem Ziel, mehr Transparenz und Gerechtigkeit für das menschliche Zusammenleben zu schaffen.

Aufgabe der Politik ist es, auf Veränderungen weitsichtig zu reagieren und vorausschauend zu handeln. Aufgeschobene Reformen kommen früher oder später als Bumerang zurück. Aufgeschobene Modernisierungen und bauliche

Instandhaltungen unserer Infrastruktur sparen zwar aktuell Geld. Dieses wird dann mit anderen Prioritäten und mit Blick auf die Wählerklientel ausgegeben. Es lassen sich immer gute Gründe finden, warum dieses oder jenes jetzt Vorrang hat. Vorsorge und Rücklagenbildung ist aus der Mode gekommen. Da ist unser Staat kein gutes Vorbild für seine Bürger*innen.

Für die Zukunft braucht unser Land kreative und mutige Entscheidungen. Zur Frage „Was können wir uns noch leisten?" gehört immer auch der Blick darauf, wofür wir das Geld heute ausgegeben. So manche Subventionsnotwendigkeiten haben sich überholt. Ausbaustandards bei neuen Gebäuden funktionieren auch mit etwas weniger Komfort. Bürokratische Regelmonster führen nicht nur zu Irritationen, Zeitverzögerungen und Blockaden, sondern steigern auch die Kosten in Behörden, Unternehmen und auch im Privatbereich. Zukunft heißt „weniger ist mehr".

Am 11. September 2001 steuerten Terroristen Flugzeuge in das World Trade Center in New York und brachten es zum Einsturz. Diese Nachricht im Radio erreichte mich im Auto, während der abendlichen Heimfahrt. Wie gelähmt blieb ich vor unserem Haus noch eine Weile im Auto sitzen. Mir kamen Gedanken vom Turmbau zu Babel aus der alttestamentlichen Bibel. Ein Bild für „immer mehr und immer höher". Nein, grenzenloses Wachstum, Wohlstandsmehrung ohne Ende und Freiheiten ohne Beschränkungen gibt es nicht. Die irdischen Evolutionskräfte sind wohl so getaktet, dass es immer wieder ein Korrektiv gibt. Die Geschichte der großen Weltkulturen zeigt, dass nach einer längeren Phase der Hochblüte ein Niedergang folgt. Das geschieht nicht in überschaubaren Zeiträumen und auch nicht plötzlich. Es ist ein sehr langer Entwicklungsprozess mit kontinuierlichen, kleinen Veränderungen. Und gerade die wenig beachteten Veränderungen, so wie beim Klimawandel, wiegen uns Menschen in scheinbarer Sicherheit und Warnungen werden ignoriert. Die Folgen haben unsere Kinder und Kindeskinder dann zu tragen.

KRISEN GIBT ES IMMER WIEDER. UNERWARTET STÖREN SIE DAS LEBEN

Tagtäglich spüren wir die Begrenztheit unserer Möglichkeiten. Jeder Einzelne als Individuum in seinem persönlichen Umfeld oder in der Gemeinschaft mit anderen. Wie kraftvoll und bedrohlich die irdischen Elemente wie Feuer, Wind und Wasser Leben beeinträchtigen oder gar zerstören können, wird uns täglich über die Medien mit schrecklichen Bildern immer wieder neu in unsere Wohnzimmer gebracht. An viele negative Nachrichten haben wir uns gewöhnt, ohne große Berührung oder Anteilnahme. Doch wenn über massive Schicksalsschläge in unmittelbarer Nähe berichtet wird, dann ist die Betroffenheit groß und daraus entwickeln sich Empathie und Hilfsbereitschaft. So beispielsweise bei den massiven Überflutungen mit mehr als 100 Toten im Sommer 2021 in Teilen von Rheinland-Pfalz und Nordrhein-Westfalen.

So auch der militärische Überfall der Ukraine durch die russische Armee ab 24. Februar 2022 mit vielen Tausend Toten und einer Zerstörung der Städte, wie es Europa seit vielen Jahren nicht erlebt hat. Massivste Gewalt und Tötung von Menschen durch modernstes und gewaltiges Kriegsgerät schien im Herzen Europas mit seinen Freiheiten und seinem Wohlstand nahezu ausgeschlossen. Abgesehen von dem langjährigen Krieg im ehemaligen Jugoslawien kannten wir Krieg nur noch aus Geschichtsbüchern und aus Nachrichten, die ferne Kontinente und Länder betrafen.

In Westeuropa fühlten wir uns sicher. Wir glaubten, dass Freiheit, Demokratie, Menschenrechte, Friede und Wohlstand uns sicher seien. Unser Wohlstand basiert auf einer gut funktionierenden Weltwirtschaft. Für unsere hochtechnischen Produkte brauchen wir weltweite Absatzmärkte. Da Deutschland ein rohstoffarmes Land ist, sind wir umso mehr auf Importe angewiesen. Und damit kommen wir in eine Abhängigkeit mit Folgewirkungen. Schon die Havarie des Containerschiffes „Ever Given" im Suezkanal 2021 blockierte wochenlang die so wichtige Handelsroute von Asien nach Europa. Auch in Deutschland fehlte wochenlang so manche bestellte Ware.

Massivste Einschränkungen über mindestens zwei Jahre brachte die weltweite Ausbreitung des Corona-Virus mit verschiedenen Varianten. Viele Tausend Menschen sind auch in Deutschland an dieser tückischen Krankheit gestorben oder leiden über lange Zeit an den unterschiedlichsten Beeinträchtigungen durch „Long Covid". Weltweite Seuchen oder Krankheiten mit Todesfolgen haben das Leben der Weltbevölkerung immer wieder bedroht. Die Wissenschaft und der medizinische Fortschritt haben ein bisher nicht gekanntes Niveau erreicht. Doch die Kräfte der Evolution stören offenbar immer wieder neu das Bemühen der Menschheit für ein gesundes und langes Leben.

Der Mensch als Individuum mit seinem eigenen Willen möchte selbstbestimmt und in Freiheit leben. Frauen und Männer treffen tagtäglich Entscheidungen für ihr Tun und Verhalten. Was passiert, wenn ich mich so oder so entscheide? Im Vorfeld kann ich abwägen, was passieren könnte. Ein bewusster Blick auf die Sachlage und die möglicherweise mitwirkenden Tatsachen wäre klug und weitsichtig. Doch vieles im Alltag wird spontan gesagt, gemacht oder abgelehnt. Unsicherheiten und Ängste wirken unterschwellig blockierend. Auch ein Macher oder Draufgänger erfährt seine Grenzen und Enttäuschungen.

Für das Gelingen unseres Lebens können wir sehr viel durch unsere Lebenseinstellung und durch unser Verhalten zumindest beeinflussen. Gewiss sind genetische Veranlagungen, äußere Umstände oder zufällige Schicksalsschläge sowie das menschliche Miteinander Mitspieler in meinem Leben. Jede und jeder hat eine persönliche Chance, mit eigenem Willen und eigenen Kräften das Mögliche zu tun. Selbst wenn Eigenverantwortung und persönliches Verhalten im Leben vieles prägen und mitbestimmen, so sind es doch häufig die massiven Schicksalsschläge und äußeren Katastrophen, die von jetzt auf gleich massiv den Lebensalltag stören.

Als Diakon in der Katholischen Kirche wurde ich vor Jahren an einem Freitagnachmittag von einem Pfarrer in der Nachbarstadt gebeten, die Familie F. zu besuchen und ihr Beistand und Trost zu geben. Was war passiert? Der Familienvater und Ehemann war morgens bei der Arbeit in München durch einen tragischen Unfall verstorben. Für mich war es das erste Mal, nach einem tödlichen Unfall als Vertreter der Kirche in die Familie zu gehen. Zeit, mich auf diese Situation und auf das Gespräch vorzubereiten, hatte ich nicht. Etwas Angst vor der Begegnung mit Menschen in einer so schwierigen Gefühlslage hatte ich schon. Doch mir war klar: Die brauchen mich jetzt und da gehe ich sofort hin. Mit Herzklopfen klingelte ich und die junge Witwe öffnete mir mit einem verweinten Gesicht die Tür. Sprachlos und ohne zu überlegen habe ich sie in die Arme genommen. Ihr gab das wohl ein Gefühl der Geborgenheit. Da ist jemand, der fängt mich auf, der nimmt mich schützend in die Arme. Das ist wohltuend. In dieser sehr schicksalshaften Situation mag sie vielleicht im Tiefsten ihres Inneren das urmenschliche Verlangen nach Trost und Halt intuitiv gespürt haben. Vergleichbar etwa mit dem grenzenlosen Urvertrauen eines hilflosen Babys, das Zärtlichkeit und Liebe von Vater und Mutter bekommt.

Im Wohnzimmer waren auch die beiden Kinder, die 18-jährige Claudia und der 21-jährige Sebastian. Auch sie waren zunächst sprachlos und erzählten etwas später, wie gut das Verhältnis zu ihrem Vater gewesen sei. Ihn hatten sie als sehr fürsorglich und liebevoll erfahren. Diese väterliche Zuneigung war ihnen plötzlich für immer genommen worden. Als sei ihr Lebensfundament einfach unter ihren Füßen weggerissen. Das Gefühl, ich falle und falle und keiner fängt mich wieder auf. Ich selbst war eher wortkarg und spürte, dass meine Anwesenheit ihnen guttat. Die Mutter erzählte, dass sie morgens einen Anruf mit der schrecklichen Nachricht über den Unfalltod ihres Ehemannes erhalten habe. Schweigen und Reden wechselten sich an diesem Nachmittag ab. Wenn ich auch sonst gern auf die Zeit schaue, sie war mir in diesem Moment völlig egal. Irgendwann habe ich mich von der Familie verabschiedet. So, wie ich sie auch begrüßt hatte. Ohne Worte, mit einer Umarmung.

Ein plötzlicher Unfall, der das Leben einer Familie erschütterte, der Ehefrau ihren Mann nahm und den Kindern den geliebten Vater. Ein schwerer Schicksalsschlag, wie ihn viele andere auch erleben. Im Fernsehen und in den Zeitungen sind täglich existenzbedrohende Ereignisse und Katastrophen sehr präsent. Mit einer emotionalen Anteilnahme spüren wir Unverständnis oder gar Wut. Insbesondere, wenn Krieg und Gewalt das Leid verursacht haben. Eine hohe Opferzahl ist spektakulär und bringt die Nachricht immer auf Platz eins. Und dann ist die Betroffenheit und Anteilnahme auch entsprechend groß. Die vielen einzelnen Unfallopfer während eines Jahres sind dagegen für die Medien nicht relevant und schaffen es höchstens als statistische Jahreszahl mit nachrangiger Priorität in die Nachrichten. Für Familien ist der Tod eines Angehörigen immer ein bedrückendes und emotional berührendes Ereignis.

Das menschliche Leid hat viele Facetten. Ich denke hier an die unzähligen Todesopfer durch Naturkatastrophen wie Erdbeben, Überschwemmungen, Feuer, Hitze und Kälte, Sturm und Blitze. Und wie viele sterben durch eigenes oder fremdes Versagen? Beispielsweise durch Unaufmerksamkeit, Rücksichtslosigkeit, Gewalt oder Ignorieren von Risiken. Manchmal ist es aber auch die Technik, der wir uns immer mehr anvertrauen und die doch niemals 100%ig verlässlich ist. Auch der menschliche Suizid ist in unserer Gesellschaft tausendfach präsent und stellt Angehörige erschrocken und nichtsahnend vor die Frage nach dem „Warum. Hätten sie nicht etwas merken müssen?" Ein plötzlicher Kindstod ist für Eltern mit einem langen Trauerweg verbunden. Ich denke auch an die vielen unheilbaren Krankheiten mit oftmals langen und beschwerlichen Leidens- und Sterbeprozessen. Das individuelle Leiden führt auch immer zu einem Mit-Leiden der Angehörigen oder Freunde.

Die Dauer unseres Lebens kennen wir nicht und wir können sie auch nicht vorausberechnen. Der Tod kommt überwiegend unerwartet und sehr oft viel zu früh. Warum musste sie oder er jetzt schon sterben? Diese Fragen quälen in solchen Schicksalsmomenten, wir finden aber letztlich keine akzeptable Antwort.

Unfall, Krankheit und Tod beeinflussen unser Leben. Das vertraute, funktionierende Familienleben ist von jetzt auf gleich gestört. Menschen fühlen sich aus der Bahn geworfen, empfinden ihr Schicksal als ungerecht. Eine tiefe Traurigkeit macht sich breit, die Zeit zur Verarbeitung benötigt. Nicht selten paart sich die Trauer auch mit Wut. Die Dauer einer Leidens- und Verarbeitungsphase ist individuell sehr unterschiedlich. Beim Tod eines Nahestehenden ist es wohltuend, einen Ort zu haben, an dem Trennungsschmerz klagend abgelegt werden kann. Häufig ist es der Friedhof, auf dem der Sarg oder die Urne beerdigt wurde. Bei einer anonymen oder See-Bestattung fühlen Angehörige oftmals später, dass ihnen ein Ort der Erinnerung und Trauerbewältigung fehlt. Der Verlust eines geliebten Menschen braucht immer eine gewisse Zeit, um diesen auch loslassen zu können. Ein ständiges Klammern blockiert und erschwert den Weg zurück in die Normalität des Lebens. Die schönen Erinnerungen bleiben jedoch im Herzen lebendig.

Da ist eine Familie, in der die junge Frau und Mutter im Alter von gerade einmal 40 Jahren stirbt. Vorausgegangen ist ein mehrmonatiges Hoffen, Bangen und Leiden im Kampf mit einem bösartigen Krebs. Ein Ehemann und zwei Kinder haben mitgelitten und bleiben mit offenen Fragen verwaist zurück. Die jüngere Tochter hatte immer die Erwartung, dass ihre Mama bei ihrer Konfirmation in der Kirche dabei sein könne. Auch ihre Hoffnung wurde bitter enttäuscht. Ihre Mutter starb 14 Tage vorher. Die Hinterbliebenen brauchten eine lange Zeit, um ihre Trauer zu verarbeiten. Der viel zu frühe Tod der Mutter und Ehefrau hinterließ tiefe seelische Spuren. Einige Dinge im alltäglichen Leben wurden durch Nachbarschaftshilfe und Verwandte erledigt. Doch die geliebte Mutter und Ehefrau konnte niemand ersetzen.

Da ist ein rüstiger Frührentner, noch keine 60 Jahre alt. Er hatte noch große Pläne für seine Zukunft. Gemeinsam mit seiner Ehefrau wollte er noch einige Reisen machen. Gewiss, kleine Wehwehchen hatte er, wie andere auch. Doch eines Tages musste er unerwartet wegen Verdachts auf eine Verletzung am Gehirn mit Blaulicht in die Klinik. Nach einigen Untersuchungen wurde eine Blutung im Gehirn diagnostiziert, deren Folgen operativ nicht behoben werden konnten. Mehrere Wochen lag der Vater beziehungsweise Ehemann im Koma und die Familie erlebte eine bedrückende Zeit mit einem Wechselbad der Gefühle, zwischen Hoffen und Bangen. Mit ihm zu sprechen, war nicht mehr möglich. Das eine oder andere hätte die Familie gern mit ihm noch geklärt. Doch aus dem Koma ist der Vater und Ehemann nicht mehr erwacht.

Im Alltag stellen sich praktische Fragen: Wie geht es weiter ohne unseren Vater, ohne unsere Mutter? Welche Auswirkungen hat der Tod? Hat unsere Familie noch eine ausreichende Finanzgrundlage, denn Haus- oder Mietkosten und vieles mehr bleiben? Hinterbliebene stehen nach der Beerdigung manches Mal vor einem finanziellen Chaos und das aus unterschiedlichen Gründen.

Die Hoffnung stirbt zuletzt, so sagen viele. Doch der Glaube an eine Gesundung, mag er noch so stark sein, im Leid kann er sich sehr schnell verbrauchen. Da kommen Momente der Ratlosigkeit und auch der Wut. Unsere Emotionen werden immer wieder auf eine Achterbahn geschickt. Ein solch leidvolles Erlebnis lässt den Kranken, aber auch seine Angehörigen oft sehr lange leiden. Eine verwitwete Ehefrau sagte mir vor Jahren einmal: „Je kränker mein Mann wurde, umso weniger wurde er von Nachbarn und Freunden besucht. Ich selbst wurde kaum noch angesprochen. Ich hatte manchmal den Eindruck, die machen einen Bogen um uns." Das Gefühl, von anderen in kritischen Situationen gemieden zu werden, macht sehr traurig und einsam.

Manchmal mag sich das Sprichwort bewahrheiten: „Geteilte Freude ist doppelte Freude und geteiltes Leid ist halbes Leid." Über das eigene Leid zu sprechen und Gehör zu finden, ist wohltuend und befreiend. Ein Ohr des Verstehens nimmt die Angst vor der Einsamkeit und gibt Raum für Teilhabe. Da ist jemand, dem bin ich jetzt wichtig und dem darf ich meine Nöte erzählen. Gerade in sehr schwierigen Lebenssituationen brauchen wir das „Du" zur Überwindung unserer belastenden Emotionen. Denn Ängste haben eine blockierende Wirkung. Sie sind aber ganz menschlich. Wie darf ich dem Schwerstkranken begegnen und was soll ich ihm sagen? Sehr kranke Personen erzählen selbst ganz gerne, sofern sie es noch können. Stilles Zuhören und die Hand halten nehmen ihnen das Gefühl der Einsamkeit und der Verlassenheit. Das ist für die Psyche sehr wohltuend.

„C'EST LA VIE – SO IST DAS LEBEN"
LEBENSEINSTELLUNG UND WEITSICHT STEUERN MIT

Mit der französischen Haltung „C'est la vie" verändert sich nicht die konkrete Lebenswirklichkeit. Vielmehr macht sie den Umgang mit der Realität im Alltag ein Stück leichter und befreiter. Die Franzosen sind dafür bekannt, dass sie das Leben so nehmen, wie es ist. Sie genießen einen guten Wein und die gute Küche. Essen und Trinken sind mehr als eine Befriedigung von Hunger und Durst. Essen ist immer auch ein Lustgewinn, den wir mit unseren Geschmacksinnen verschiedenartig erschließen. Der eine liebt eher das Süße und ein anderer das Saure oder eine der vielfältigen Mischvarianten. Die Kunst des Kochens ist es, mit einer entsprechenden Variation der Zutaten und Gewürze einen sehr leckeren Geschmack im Mund des Genießers zu erzeugen. Allein am Tisch schmeckt es nicht so gut wie in Gemeinschaft mit Familie oder Freunden. Ein altes Sprichwort sagt: „Essen und Trinken hält Leib und Seele zusammen." Wo in Gemeinschaft mit ausreichend Zeit Mahl gehalten wird, da kommt man sich näher. Eine gute Basis für gelingende Kommunikation. Eine Bedürfnisbefriedigung für den Leib und eine Stärkung der sozialen Einbindung.

Gründe für Jammern und Klagen gibt es täglich und reichlich in jeder Lebensbiografie. Die Toleranz und Akzeptanz von persönlich unabänderlichen Dingen sind ganz individuell ausgeprägt. Da wirkt die persönliche Mentalität und wohl auch die Erziehung im Elternhaus spielt eine Rolle. Erfahrungen, Erlebnisse und die eigenen Gedanken und Sichtweisen entscheiden mit über Zufriedenheit und Glücklichsein. Da, wo ich die Realität selbst nicht ändern kann, habe ich die Alternative: annehmen oder ablehnen. Die Entscheidungshoheit liegt immer bei mir persönlich. Aber auch die sich daraus ergebenden positiven oder negativen Folgen. Meine Entscheidung „Ich akzeptiere" erspart mir eine mögliche Auseinandersetzung und gibt mir ab sofort mehr Klarheit und auf die kann ich mich einrichten. Die Entscheidung „Nein, das will ich nicht" ist der Beginn eines weiteren Klärungsprozesses, der zunächst bei mir selbst stattfindet. Ein Abwägen von Vor- und Nachteilen oder die Suche nach Alternativen. Bin ich beispielsweise mit der angebotenen Ware oder dem geforderten Preis nicht einverstanden, so kann ich klar sagen: „Nein, das gefällt mir nicht" oder: „Das ist mir zu teuer." Ein Bekannter von mir sagte mir einmal: „Wenn ich vor einem Geschäft stehe, dann frage ich mich, brauche ich aus diesem Geschäft wirklich etwas?" Kaufverlockungen erreichen uns täglich und in Massen. Unser Tag- und Nachtbegleiter, das Smartphone, konfrontiert uns über die Cookies permanent mit einer Fülle an Angeboten, die unser Leben schöner und glücklicher machen sollen. Und da wir unser Geld immer nur einmal ausgeben können, bleibt uns der Entscheidungsdruck: Kauf oder Ablehnung? Die Freude über den Kauf eines Kleidungsstücks oder über ein neues Smartphone ist oftmals nur von kurzer Dauer, wenn anschließend das Geld meinen finanziellen Spielraum einengt oder wenn Freund*innen schon modernere Ausführungen haben.

In alltäglichen Lebensbereichen sind wir stets gefordert, Entscheidungen zu treffen und Aufgaben zu erledigen. Das mag mühsam oder belastend sein. Meine Lebenserfahrung sagt mir, dass Glücklichsein viel damit zu tun hat, was ich selbst schaffe und für andere tue. Arbeit, die Freude macht, gelingt und stärkt die Zufriedenheit mit sich selbst. Andererseits fordern uns auch unangenehme Gespräche und Aufgaben, die wir gern zeitlich schieben oder ganz verdrängen. Auch ich ertappe mich immer wieder dabei, Dinge vor mir herzuschieben, weil sie mir keine Freude machen oder mit lästigen Diskussionen verbunden sind. Und schließlich unsere

Bequemlichkeit, die mit Ausreden und Verdrängen eine To-Do-Liste länger werden lässt. Berge, die sich auftürmen, wachsen zu einer emotionalen Belastung. Besser ist unverzügliches Handeln im Sinne des alten Sprichwortes „Was Du heute kannst besorgen, das verschiebe nicht auf Morgen". So spüren wir auch schnell das gute Gefühl angesichts unseres Erfolgs.

Nicht alles wird so heiß gegessen, wie es gekocht wird. Ich selbst bin eher spontan und ungeduldig. Mit mir selbst und auch anderen gegenüber. Ich möchte Lösungen, obwohl diese im Leben nicht immer einfach und schnell möglich sind. Was heute wichtig ist, kann morgen schon bedeutungslos sein. Damit aber nichts anbrennt oder schiefläuft, muss ich schon sehr genau hinschauen: Was ist jetzt erforderlich und was eben nicht? Klare Strukturen und die Fähigkeit, Prioritäten zu setzen, sind für das Leben eine große Hilfe. Das gelingt dem einen recht gut und dem anderen eher weniger. Das ist menschlich, denn jeder hat seine ganz persönliche Mentalität.

Der erste Bundeskanzler der Bundesrepublik Deutschland, Dr. Konrad Adenauer, soll einmal gesagt haben: „Was interessiert mich mein Geschwätz von gestern?" In der Tat, wir lernen durch Erfahrungen und werden daher auch tagtäglich klüger oder weiser. Was einmal als richtig angesehen wurde, kann sich im Nachhinein als völlig falsch erweisen. Diskussionen über richtig oder falsch sind wohl die häufigsten Auseinandersetzungen, die sich zu einem massiven Streit entwickeln können. Jeder erwartet eine Bestätigung seiner Sichtweise. Denn sachliche Zustimmungen empfinden Menschen immer auch als wohltuende Anerkennung. Bei einem Widerspruch in der Sache wird sehr schnell auch eine Ablehnung der Persönlichkeit gefühlt. Eine Differenzierung zwischen dem Pro und Kontra für die äußerlichen Dinge des Alltages und der Achtsamkeit für die Person findet häufig nicht statt. Eine faktisch begründete Sachkritik ist etwas anderes, als wenn wir unseren Gesprächspartner persönlich beleidigen oder ihn entwürdigen.

Keiner sagt schon mit Leichtigkeit: „Da habe ich mich wohl geirrt. Das habe ich völlig falsch gemacht." Das sind Eingeständnisse, die nur schwer über unsere Lippen gehen. Fehler verbinden wir immer mit Schwäche oder Unfähigkeit. Um diesen Eindruck erst gar nicht aufkommen zu lassen, taktieren und argumentieren wir hin und her und verstricken uns letztlich in Folgelügen oder weiteren Scheinargumenten. Das macht verstärkt angreifbar und das Vertrauen beginnt zu schwinden. Wie schnell sich die Vertrauensspirale nach unten bewegt, haben schon manche in Politik, Wirtschaft und Gesellschaft leidvoll erfahren. Letztlich bleibt dann nur noch der Weg des Rückzuges, um den öffentlichen Druck zu beenden.

In unserer modernen Welt schaffen Menschen vieles. Dank der modernen Techniken und wissenschaftlicher Erkenntnisse scheint nahezu alles machbar und beherrschbar. Der Mensch spürt seinen individuellen Machtbereich ebenso wie seine persönlichen Grenzen und Niederlagen. Wenn es gut läuft, glauben wir, dass es immer so bleiben wird. Weil wir uns das so wünschen. Und weil es ja so auch bequemer ist. Doch täglich werden wir mit der Realität konfrontiert. Fehler sind menschlich und dafür erwarte ich Nachsicht. Fehler bei anderen werden gerne angeprangert, teils auch mit massiven Vorwürfen. Emotionale Störungen haben im Alltag unzählige Facetten. Missverständnisse entstehen, weil, statt zu reden, gedacht, vermutet oder spekuliert wird. Unser „Ich" steht dem „Wir" manches Mal im Weg.

Denken und Planen beschäftigen unseren Kopf. Dabei spielen innere Haltungen, Erwartungen und die persönlich verfügbaren Ressourcen eine entscheidende Rolle. Es ist bequem, sich auf dem Vertrauten und dem Ist-Zustand auszuruhen. Alles ist doch gut. Etwas Neues wird immer auch mit Risiken verbunden. Es ist mehr die Angst vor etwas Neuem oder einem Verlust. Das sind vordergründig materielle Entbehrungen oder Belastungen. Wir Menschen sind soziale und emotionale Wesen mit Ängsten und Freuden. Mit Sorgen und Fröhlichkeit. Wir beherrschen die Aufrichtigkeit und auch die Lüge. Mal zeigen wir uns optimistisch und mal pessimistisch. Unsere Hilfsbereitschaft kann genauso groß sein wie unser Egoismus. Die Sehnsucht nach Geborgenheit, nach Achtsamkeit, nach Liebe und nach Gerechtigkeit und Frieden ist seit ewigen Zeiten in uns. Es ist wohl Teil unseres individuellen Menschseins, dass wir die vielfältigen Sehnsüchte in uns tragen und dass es unsere Aufgabe ist, bei der Realisierung mitzuwirken. Möglichkeiten hierzu gibt es immer wieder. Der eine hier, ein anderer da. Wo Menschen sich verbinden und gemeinsam für eine gute Sache engagieren, da kann viel Gutes entstehen. Miteinander sind wir stark. Allein fühlen wir uns einsam und oftmals regelrecht verlassen. Doch gerade in Krisenzeiten spüren Menschen, wie wichtig das Miteinander ist. Not verbindet und macht stark. Schicksalsschläge, Kriege und Katastrophen hat es immer auf dieser Erde gegeben. Wo Menschen solidarisch sind, da entwickelt sich das Gefühl „Geteiltes Leid ist halbes Leid" und „Geteilte Freude ist doppelte Freude".

Wir werden geboren und müssen irgendwann sterben. So ist das seit Menschengedenken. Zwischen Geburt und Tod können wir als Mensch leben; mal gut und mal schlecht. Die Wechselbäder von Glück und Pech, Erfolg und Niederlage bleiben wohl jedem von uns nicht erspart. Zu gern planen wir und doch kommt vieles ganz anders. Glückliche Zeiten mit unseren mentalen und materiellen Ressourcen festzuhalten, ist unser aller Wunsch. Zu allen Zeiten sind Menschen mit persönlichen Schicksalsschlägen, mit Naturgewalten sowie Krieg und Gewalt konfrontiert. Mal befinden wir uns in der Opferrolle und mal in der Rolle des Täters. Viele Schieflagen entwickeln sich oder sind Folge menschlichen Fehlverhaltens. Andere Katastrophen treffen uns unerwartet und oftmals auch mit tödlicher Folge. Die Entwicklung der Wetterlage auf unserer Erde kann wissenschaftlich inzwischen grob vorhergesehen werden. Doch sind die Ausmaße von Regen, Dürre oder Sturm regional sehr unterschiedlich. Wir Menschen glauben, alles zu wissen und zu verstehen, und doch liegt sehr viel im Verborgen. Der Mensch ist nur ein Winzling im Zusammenspiel der Naturgewalten auf unserer Erde als Teil des unendlichen Universums. Wir planen und träumen für unser Morgen und doch wissen wir nicht, was uns am nächsten Tag erwartet. Das Leben ist voller Überraschungen und das individuell mal positiv und mal negativ.

Als für meine Frau im Januar 2021 die Diagnose „Alzheimer" testiert wurde, waren wir beide sehr erschrocken. Von anderen waren uns diese Demenzerkrankung und deren Folgen nicht unbekannt. Mit einer Altersdemenz waren wir schon häufiger konfrontiert worden. Und jetzt meine Frau mit 63 Jahren. Rückblickend gab es schon längere Zeit vor der Diagnose kleinere Verhaltensauffälligkeiten. Die wir aber nicht wahrgenommen und wohl aus Angst verdrängt hatten. Krankheiten, ob heilbar oder unheilbar, wünschen wir uns und unseren Familienmitgliedern nicht. Wir Menschen suchen das gute Aussehen, die scheinbar heile Welt sowie Glück und Zufriedenheit. Und für unser Outfit tun wir eine Menge. Lächeln, auch wenn es uns innerlich nicht zu Mute ist. Unsere Antwort auf die Frage „Wie geht es Dir?" antworten wir meistens: „Wie soll es mir schon gehen, na gut." Es sind die gegenseitigen Erwartungshaltungen im Miteinander. Niemand möchte als erfolglos, als leistungsunfähig gelten oder irgendwie mit einem negativen Makel behaftet sein. Mit Versteckspiel, mit schönen Worten und Ablenkungen bemühen wir uns um eine positive Wahrnehmung durch andere. Doch unsere Körpersprache und unser Gesicht sorgen intuitiv für Signale, die zeigen, wie es uns wirklich geht. Im Zusammenspiel von Körper und Seele sind wir wahrhaft Mensch mit unseren ganz individuellen Stärken und Schwächen.

Ist die Wahrheit erst mal auf dem Tisch, dann stärkt sie unseren Umgang damit. In allen schwierigen Lebenslagen haben kleine hoffnungsvolle Elemente eine Chance. Das Leben bietet tagtäglich viele kleine neue Wege, die uns von einer Resignation zu einem neuen Mut befähigen. Es sind oft die kleinen Schritte, die uns möglich sind und daher Erfolgserlebnisse vermitteln. Sprichwörtlich ist uns der Spatz in der Hand näher als die Taube auf dem Dach. Wir können vom Millionengewinn im Lotto oder von permanenten Glücksgefühlen träumen, doch die Realität spüren wir sehr schnell. Unsere Emotionen pendeln zwischen himmelhochjauchzend und zu Tode betrübt. Als soziale Wesen mit schwankenden Gefühlen und ganz persönlichen Stärken und Schwächen bleibt uns die Achterbahnfahrt von Höhen und Tiefen nicht erspart. Es heißt: „Jeder ist seines Glückes Schmied." Der Schlüssel hierzu ist als Erstes unsere persönliche und ehrliche Einstellung zur aktuellen Situation. Jammern und Klagen ist eine Möglichkeit, die aber unsere Traurigkeit eher festigt und blind macht für das Licht am Ende des dunklen Tunnels. Unsere Gedanken und Sichtweisen brauchen das Nach-vorne-Schauen und hoffnungsvolle Perspektiven.

Wo eine Besserung, egal in welcher Lebenslage, nicht realistisch ist, bleibt nur das Arrangement mit der Situation. Daraus erwächst eine neue Freiheit, die Stärke gibt für die kleinsten Erfolgserlebnisse. So habe ich es auch bei der Alzheimer-Erkrankung meiner Frau erlebt. Die Einschränkungen im Alltag sind vorhanden. Mit einer zeitlichen Intensität unterstütze ich meine Frau bei vielen Dingen im Alltag. Spaziergänge liebt sie und hier bin ich gerne ihr täglicher Begleiter. Danach gehört zu unserem Ritual der Besuch in einem Bistro-Café. Hier treffen wir häufig auch Bekannte und es kommt zu spontanen lockeren Gesprächen. Wo das Namensgedächtnis versagt, bleibt oft noch das Erkennen anhand der Gesichter. Auch wenn wir nur zu zweit am Tisch sitzen, so scherzen und lachen wir immer wieder. Mein optimistisches und fröhliches Naturell ist da sicherlich genauso förderlich wie die grundlegende Bescheidenheit und innere

Zufriedenheit meiner Frau. Der Alltag meines Rentnerdaseins hat sich unerwartet verändert. Doch ich spüre, dass es ihr und mir guttut, Zeit miteinander zu verbringen und locker vom Hocker zu scherzen und zu lachen. Ich habe gelernt, dass beim Krankheitsverlauf der Alzheimer-Demenz eine harmonische, ja, liebevolle Kommunikation für Vertrauen und Sicherheit sorgen. Lautes Reden, Vorwürfe, Drängen und Hetze dagegen machen Angst und panisch. Es ist wohl das vertraute Miteinander und die gegenseitige Achtsamkeit, die uns seit 40 Jahren tragen und immer wieder neuen Mut geben. Wir beide sind es gewohnt, eher positiv zu denken und die kleinen schönen Dinge im Alltag mit Freude wahrzunehmen. Es tut auch mir gut, für meine Frau als Begleiter, Coach oder Ankleideberater den schwierigen Alltag mit humorvollen Kommentaren zu verschönern.

GLÜCK UND ZUFRIEDENHEIT, EINE FRAGE DES WOHLSTANDES?

Im Frühjahr 2009 war ich erstmals auf dem afrikanischen Kontinent. Mit einer kleinen Delegation einer Kolpingfamilie waren wir zu Gast bei der Kolpingfamilie St. Joseph Bujumbura in Uganda, die am Palmsonntag in der Stadt Hoimar ihr 25-jähriges Vereinsbestehen feierte. Mit dieser zum internationalen Kolpingwerk gehörenden Ortsgruppe besteht seit einigen Jahren eine Partnerschaft, die erstmals auch mit einem persönlichen Kennenlernen intensiviert werden sollte. Die Stadt Hoimar liegt etwa 200 km nordwestlich von der Hauptstadt Kampala. Uganda ist, wie viele afrikanische Länder, materiell sehr arm. Doch es gibt dort meinem Eindruck nach etwas Gutes, das wir durch unseren Wohlstand gelegentlich überdecken oder durch die Art unserer Lebensweise aus unserem Blick verloren haben. Es ist die Zufriedenheit und die Fröhlichkeit der Menschen, die ich bei all den persönlichen Begegnungen immer wieder intensiv erleben durfte. Diese Werte der Herzlichkeit, der Gastfreundschaft und der Menschlichkeit gewinnen in unserem Land auch wieder zunehmend an Bedeutung. Nicht nur junge Leute haben auf ihrer Werteskala Familie, Treue und Füreinander-Zeit-Haben einen wichtigen Platz für ihr Leben eingeräumt. Menschen spüren zunehmend, dass Wirtschaftswachstum und Wohlstand nicht wirklich wichtig sind für Zufriedenheit und glücklich sein.

Der alte Spruch „Hast du was, bist du was" verliert aus meiner Sicht zu Recht immer mehr an Bedeutung. Gewiss lebt unsere Wirtschaft davon, dass wir konsumieren und für wachsende Umsätze sorgen. Die Werbung soll den Umsatz beflügeln und wird wie ein Jäger auf uns Konsumenten angesetzt, unabhängig von der Art der Bilder und Texte. Sie haben alle nur das Ziel, unsere Bedürfnisse zu wecken und uns zum Kaufen zu animieren. Ja, die meisten von uns (Männer eher weniger) gehen gerne shoppen. Frauen interessieren sich mit großer Aufmerksamkeit und Freude für Textilien und Mode, wobei Schuhe ein besonderer Anziehungspunkt sein können. Männer dagegen halten sich gern in Elektronik- und Baumärkten auf und schauen nach den neuesten Produkten. Unsere Konsumtempel bieten uns heute nahezu alles und mit einer Fülle an technischen Möglichkeiten. Bei der Vielfalt der Angebote ist es nicht immer leicht, das persönlich Passende zu finden. Ältere suchen beispielsweise auch schon mal nach einem einfach zu bedienenden Smartphone mit großen Tasten. Letztlich bleibt ihnen oft keine Wahl und sie kaufen ein hochtechnisches Gerät mit allem Schnickschnack, nur wegen der gewünschten Grundfunktionen. Die Intention der Hersteller ist doch die: Neue Angebote, neue Technik kann mehr und fördert das Kaufinteresse. Und das genießen die meisten Menschen ja auch ausgiebig. Andererseits ist es nachvollziehbar, dass, wie beim Autokauf, Extrawünsche immer teuer zu bezahlen sind. Alles, was serienmäßig vom Hersteller in ein Produkt eingebaut wird, kann wegen der Massenproduktion für wenige Euro für das Einzelstück angeboten werden.

Wenn daheim das neue Gerät ausgepackt und ausprobiert wird, fangen die ersten Probleme an. Die vielen Funktionen und Einstellmöglichkeiten und zudem noch eine kaum verständliche Bedienungsanleitung sorgen für Ärger. Da kommen Anspielungen wie „Ja, Frauen und Technik" oder „Papa, was machst du da?" teilweise sehr emotional zum Ausdruck. Der Familienfriede kann in solchen Situationen arg strapaziert werden. Wie so oft, weil jeder seine ganz persönliche Note lebt. Wer gibt schon gerne zu, dass er in der konkreten Sache eigentlich keine Ahnung hat? Selbst wer sich überfordert fühlt, wird dieses offen nur ungern eingestehen. Es ist die Angst vor vorwurfsvollen Fragen: „Wie, das kannst du nicht? Hast du das nicht gelernt? Da steht es doch, kannst du nicht lesen?" Keiner hört gern solche Vorwürfe und möchte als Versager oder Schwächling dastehen. Das Selbstwertgefühl könnte so angekratzt werden. Damit dieser Eindruck nicht aufkommt, flüchten wir gern mit Worten und Taten in eine Scheinwelt. Die gefühlte Unzulänglichkeit lässt sich aber nicht dauerhaft verstecken. Auf die Frage „Wie geht es dir?" antworten die meisten mit einem selbstverständlichen „Gut". Auch wenn es nicht so ist, es müssen andere ja nicht mitbekommen. Mehr Schein als Sein. Wie im Karneval verstecken sich Menschen gern hinter Masken. Das kann in bestimmten Situationen auch ein guter Schutz sein. Doch die Körpersprache ist wahrhaftiger als das gesprochene Wort. Wenn es unangenehm oder sehr peinlich ist, beginnt das Gesicht zu erröten. Blicke, Gesichtsausdruck, Körperhaltung und Bewegungen haben ihre ganz eigene Sprache, die nicht verborgen bleibt. Der Mensch ist so, wie er ist. Mal stark und auch mal schwach, freudig und auch mal traurig, mutig und auch ängstlich. Und jeder ist den vielfältigen Wechselspielen seiner Gefühlslagen ausgesetzt. Doch wenn die Balance zwischen Außenwirkung und Innenleben dauerhaft gestört ist, dann kann das krank machen. Unser „Ich" bleibt in der Beziehung niemals allein. Situationen und Emotionen haben immer auch eine Strahlwirkung nach außen. Egal ob sie negativ oder positiv sind.

Menschen leben in und von Beziehungen und die Kommunikation ist für das Funktionieren des Miteinanders eine Grundvoraussetzung. Das ist auch in Afrika so und deshalb werden dort die modernen Kommunikationsmittel mit Begeisterung angenommen. Handy und Internet habe ich in Uganda häufig gesehen. Der Aufbau von Funknetzen war auf dem schwarzen Kontinent eben deutlich preiswerter als eine wie bei uns über viele Jahrzehnte gewachsene Verkabelungstechnik. Die Erdverkabelung war für die westliche Welt ein großer Entwicklungsschritt, den Länder wie Uganda einfach überspringen konnten. Die Handynetze sind in Uganda besser als die Stromnetze. Ein junger Mann erzählte mir, dass er ein paar Kilometer zu Fuß laufen müsse, um am Stromnetz sein Handy wieder aufzuladen.

Von der ugandischen Stadt Hoimar aus sind wir weiter in den Norden des Landes gefahren. Die Straßen, wenn ich sie so bezeichnen darf, waren in einem schlechten Zustand, mit tiefen Löchern und nicht immer geteert. So brauchten wir für eine Strecke von 200 km eine Zeit von vier bis fünf Stunden über staubige Buckelpisten. Unserem Fahrer wurden hier schon einige Leistungen im Slalomfahren abverlangt, damit wir nicht mit den Rädern in den Löchern steckenblieben oder einen Achsenbruch bekamen.

Ein Tagesziel war eine Schule im Landesinneren zwischen einer Vielzahl von kleineren Dörfern mit strohgedeckten Lehmhütten. Die Kinder gehen hier mehrere Kilometer zu Fuß zu ihrer Schule. Früh morgens hin und am Spätnachmittag zurück zu ihren Familien. In Deutschland werden lebhafte Diskussionen mit manchen Eltern ausgetragen, weil der Weg für die Kinder zu lang sei, um zu Fuß oder mit dem Fahrrad zur Schule zu gelangen. Ich wohnte unmittelbar an einer Grundschule und bekam fast täglich mit, dass Grundschüler wie selbstverständlich von Mutter oder Vater mit dem Auto bis direkt vor die Schule gefahren werden, obwohl die Entfernung vom Elternhaus nur einige 100 Meter beträgt. Afrikanische Verhältnisse können uns die Augen öffnen und unsere Blicke wieder auf das Wesentliche, auf das Menschliche richten.

Auf dem großen Platz vor den sehr einfachen Schulgebäuden wurden wir von mehreren Hundert Kindern mit einer Freude begrüßt, die ich nie vergessen werde. Alle Kinder tragen Schuluniform. An den geflickten Kleidern sah ich, dass hier, abseits der ugandischen Städte, die Armut noch größer war, als in der Bernadetta Primary School in der Stadt Hoimar, die wir einige Tage vorher besucht hatten. Bei dem vielen Schütteln der Hände und dem Wunsch der Kinder, uns zu berühren, kam mir angesichts der dürftigen Hygieneverhältnisse die Sorge: „Heute hole ich mir hier eine Krankheit."

Doch die Freude und das Lachen der vielen Kinder haben mich mitgerissen und meine Angst, mich hier anzustecken, war verflogen. Übrigens, nicht einer der Mitreisenden hat hier irgendeine Krankheit bekommen.

In Deutschland ist fast alles ordentlich und sehr detailliert geregelt, so dass nach unseren Kriterien vieles in Afrika chaotisch und unsauber wirkt. Selbst die Uhren scheinen hier langsamer zu gehen. Die Menschen in Uganda habe ich gelassener und nicht so gehetzt erlebt. Sicherlich haben uns Deutsche die sogenannten preußischen Tugenden und die christlichen Werte über Jahrzehnte geprägt und wohlstandsmäßig zu dem gebracht, was wir heute sind. Doch wo Sonne ist, da gibt es auch immer Schattenseiten. Vieles wird in der europäischen Welt durch Reglementierungen in unterschiedlichsten Varianten stark übertrieben. Etwas weniger Bürokratie und stattdessen mehr Eigenverantwortung, Spontanität und Menschlichkeit täten allen gut. Für das Wichtige und Notwendige brauchen wir keine Regelungswut, die letztlich immer mehr blockiert oder zu kuriosen Ergebnissen führt. Weniger ist mehr. Und das funktioniert auch, wenn möglichst viele weitsichtig und verantwortungsvoll handeln. Zunehmend beklagen wir die vielen unverständlichen und teils nicht praktikablen Gesetze und Verordnungen auf allen Ebenen der Politik. Uns ist vielfach der Mut für pragmatisches Handeln verloren gegangen. Würde jeder ehrlich, gerecht und respektvoll im Miteinander der Gesellschaft sich verhalten, so bräuchten wir weniger Gesetze und Verordnungen. Doch so ideal und vorausschauend ist die menschliche Kreatur nicht gestrickt. Mit dem Egoismus rückt der eigene Vorteil in den Fokus. Deshalb sind verständliche und allgemeingültige Regelungen wie Gesetze und Verbote für das Miteinander auf allen Beziehungsebenen unverzichtbar. Doch es braucht auch im angemessenen Maße Kontrollen und bei Fehlverhalten entsprechende Konsequenzen in Form von Hinweisen, Verwarnungen oder Anklagen.

Der Kontinent Afrika stand bis Anfang des 21. Jahrhunderts für Europa nicht so sehr im Fokus, weil das Blickfeld primär von den wirtschaftlichen Interessen bestimmt wurde. Und hier dominieren seit vielen Jahren die europäischen Nachbarn, die USA, der stark expandierende asiatische Raum und seit der Wiedervereinigung auch die osteuropäischen Länder. Positiv für den schwarzen Kontinent wurde weltweit 2010 die Fußballweltmeisterschaft in Südafrika wahrgenommen. Und für Touristen ist eine Safari in einem der schönen Tierreservate mit Elefanten, Giraffen, Krokodilen und Löwen ein besonderes Erlebnis.

In den Tagesnachrichten war der afrikanische Kontinent viele Jahrzehnte fast nur mit Bürger- und Stammeskriegen sowie Hungerkatastrophen präsent. Die Massendemonstrationen der zur Freiheit drängenden nordafrikanischen Bevölkerung im Jahre 2011 waren immer wieder Thema und ein Symbol des Aufbruchs in eine gerechte und demokratische Gesellschaft. Wo durch Unterdrückung oder Gewalt Zukunftsaussichten fehlen, da suchen Menschen Auswege und beginnen zu fliehen. Europa und insbesondere Deutschland werden durch die mediale Präsenz als Länder der Hoffnung und des Wohlstandes wahrgenommen. Das ist ein urmenschliches Verlangen. Losgelöst von den Flüchtlingen gilt es, offen zu sein für jeden in Not und Bedrängnis. Doch wie sagte es der Altbundespräsident Joachim Gauck: „Unser Herz ist groß, doch unsere Möglichkeiten sind endlich."

Menschliche Notlagen existieren auch in unserer Gesellschaft, in unseren familiären Gemeinschaften vor Ort, in den Städten und Gemeinden. Und es gibt viele Facetten von Leid, Schmerz und Hilflosigkeit. Äußerlich sehen wir sie, wenn wir wirklich schauen, zunächst im materiellen Sinne. Doch hinter einem lächelnden oder schweigsamen Gesicht verbirgt sich so manche emotionale Not.

In Uganda sind mir die vielen Kinder und Jugendlichen aufgefallen, die nach Bildung und Fortschritt streben. Trotz ihrer materiellen Armut wirkten sie fröhlich und zufrieden. Am Palmsonntag 2009 habe ich hier eine Palmprozession und einen Gottesdienst in der Kirche von Hoimar mitgefeiert, der mich emotional begeistert und berührt hat. Ich habe einen vertrauensvollen, hoffnungstragenden Glauben mit Lebendigkeit und Fröhlichkeit erlebt. Wertschätzende Elemente des Lebens, die wir Christen in Europa schon ein Stück verdrängt haben. Eine Feier mit Tanz und Trommel ist mehr als rhetorisch gut ausgedrückte Worte. Und die Zeit spielte dabei auch keine Rolle, denn der Gottesdienst dauerte rund zwei Stunden. Vielleicht braucht es auch eine gewisse Zeit, damit das Gemeinschaftserlebnis und das Miteinander-Feiern im Inneren ankommen, ja, zu Herzen gehen. In einer schnelllebigen Zeit, wie wir sie in Europa kennen, bleibt oftmals keine Zeit für das wirkliche Ankommen. Mit Worten wollen wir etwas ausdrücken, etwas mitteilen und dabei überfluten wir unser Gegenüber häufig wie bei einem Starkregen. Das gesprochene Wort, das von weiteren Worten überlagert wird oder das durch Ablenkungen abdriftet, schafft es nicht, wirklich beim Zuhörer anzukommen. „Ich habe dich nicht verstanden, was hast du gesagt?" Eine solche Frage ist seltener als das Entstehen von Missverständnissen. Zwischen Tür und Angel bleibt so manches gesprochene Wort hängen und geht verloren.

Texte, die aber mit Musik und Gesang vermittelt werden, finden beim Zuhörer ihren ganz eigenen Zugang. Einerseits berührt die Musik, wenn sie den Geschmack des Hörenden trifft, seine Gefühlslage. Andererseits sind Lieder nicht zu lang und der Wiederholungstext im Refrain hat dabei eine verstärkende Funktion. Diese Art der Kommunikation pflegen die Menschen in Uganda, gepaart mit farbenfrohen Tänzern. Das ist für Augen und Ohren und damit für das innere Erleben sehr wohltuend. In der Lebendigkeit von Musik und Tanz wird Freude und damit Hoffnung ausgestrahlt. Damit sind die Menschen in Afrika trotz ihrer materiellen Notlagen unterwegs. Vielleicht auch ein Vorbild, um hierzulande das viele Jammern und Klagen zu wandeln.

Ich bin in einer religiös geprägten Familie aufgewachsen. Und da war es in meiner Kindheit üblich, dass in der Fastenzeit, das sind die sechs Wochen vor Ostern, auf den Verzehr von Süßigkeiten verzichtet wurde. In der damaligen Nachkriegszeit war das Angebot an Süßigkeiten im Vergleich zu heute ohnehin gleich null. Ich kann mich daran erinnern, dass es in einem kleinen Dorfladen für fünf Pfennig ein Tütchen Brause gab, vielleicht noch eine Sorte Lutscher und ein paar Karamellbonbons. Eine Schokolade war damals schon etwas Besonderes. Von diesem Wenigen für Kinder gab es etwas als Mitbringsel von Onkel und Tanten bei deren Besuch. Und diese wenigen Süßigkeiten wurden in der Fastenzeit in einem Einmachglas schön gesammelt. Es war nicht unbedingt schwierig, das Konsumieren der erhaltenen Süßigkeiten zurückzustellen, weil das die meisten Kinder unserer Schule machten. Ja, es war eine regelrechte Freude für mich zu sehen, wie sich das Glas bis Ostern nach und nach mit Süßigkeiten füllte. Ich wusste ja, dass es kein dauerhafter Verzicht war. Das mit Süßigkeiten gefüllte Glas führte ab Ostern zu einem genüsslichen Verzehr. Ich habe daraus gelernt: Verzicht ist nicht immer einfach, doch später kann das Ersparte mit Freude genossen werden.

Das Prinzip „Sparen" trägt auch heute noch Früchte. Auch wenn das Zurücklegen von Notgroschen für künftige Zeiten etwas aus der Mode gekommen ist. Sehr viele in unserem Lande geben das Geld aus, das sie gerade bekommen haben. Sprichwörtlich ein Leben von der Hand in den Mund. Nicht jede Familie hat aber die Möglichkeit, einen Notgroschen zurückzulegen und auf einem Sparkonto oder in einer anderen Form verzinslich anzusammeln. Sparen ist aber auch eine Mentalitätsfrage. Der eine möchte lieber konsumieren und sich seinen Wohlstand unvermindert erhalten. Der andere schaut in die Zukunft und möchte sich ein Stück materielle Freiheit sichern. Und da in unseren Familien Menschen mit teils sehr unterschiedlichen Mentalitäten leben, gibt es nicht immer Übereinstimmung im Ausgabeverhalten. Solange das Einkommen reichlich vorhanden ist und keinerlei Konsumverzicht erfordert, ist der familiäre Friede zumindest von dieser Seite nicht gefährdet. Wo aber Ausgabenwünsche zurückgestellt werden müssen, weil das Budget der Haushaltsgemeinschaft dieses nicht mehr zulässt, beginnt das Murren und irgendwann kommen Vorwürfe wie „Du gibst für dich aber zu viel Geld aus". Auch wenn nur wenig zu verteilen ist, muss es gerecht zugehen, sonst wächst Ärger und letztlich Streit. Die Höhe des verfügbaren Einkommens ist dabei nicht immer die entscheidende Größe, sondern vielmehr, wie die Mitglieder einer Familie untereinander die Verteilung ihres Einkommens realisieren. Je nach familiärer Haushaltslage kann sich beispielsweise ein sehr teures Hobby des Vaters nicht vertragen mit dem Verzicht auf notwendige Kleidung für die Kinder. Da ist die Balance gestört und ein Konflikt vorprogrammiert. Geld in unseren Familien kann sowohl ein Bindungs- als auch ein Störungselement sein. Primär liegt die Verantwortung für ein weitsichtiges und angemessenes Geldausgeben bei jedem Einzelnen in der Gemeinschaft.

In jüngster Zeit wird sehr viel über den Nachhaltigkeitsfaktor gesprochen. Es geht darum, dass wir heute das tun, was wir auch im Hinblick auf die künftigen Generationen verantworten können. Unstrittig ist, dass wir auch in Deutschland in den vergangenen Jahrzehnten deutlich über unsere Verhältnisse gelebt und unseren Kindern und Enkeln einen kaum tragbaren Schuldenberg aufgebürdet haben. Gesellschaftliche Fehlentwicklungen und unzureichende Zukunftsvorsorge seitens der Politik sollten nicht dazu verleiten, dass die Bürgerschaft diese beklagenswerten Zustände auch für sich selbst zulässt. Auch eine Familie kann dauerhaft nicht mehr ausgeben, als zur Verteilung verfügbar ist. Dieser Logik mögen wir manchmal nur schwer folgen können, zumal unsere Wünsche sehr stark von Neidgefühlen geschürt werden.

WENN MENSCHEN VON DER SUBSTANZ LEBEN UND EINE GESELLSCHAFT DAS MORGEN VERFRÜHSTÜCKT

Bei einer Kreditberatung in einer Bank wurde einem Unternehmer gesagt: „Wenn Sie eine Kuh melken wollen, dann müssen Sie die Kuh auch füttern." Hintergrund waren überhöhte Privatentnahmen des Firmeneigentümers – und das über Jahre. Zulasten des Eigenkapitals in der Firma hatte der Eigentümer sich privat ein üppiges Leben gegönnt. Damit schwächte und gefährdete er sein Unternehmen für weniger gute Jahre. Ein Vermögenspolster als Rücklage für schlechtere Zeiten ist immer eine gute Vorsorge.

Unsere Gesellschaft hat sich tendenziell sehr stark auf das Heute eingerichtet. Quasi ein Leben von der Hand in den Mund. Ich will im Hier und Heute genießen. Meine Rechte und Möglichkeiten ausleben. Was ich habe, kann ja ausgegeben werden. Und wo das Geld für eine Anschaffung fehlt, da werden durch Ratenzahlungen oder eine Kreditaufnahme Anschaffungswünsche schnell erfüllt. Einkaufen steigert unser Glücksgefühl. Doch das hält nicht lange an. Es tut gut, wenn ich mir etwas leisten kann. An den Besitz gewöhnen wir uns und neue Wünsche wachsen schnell. Beglückende Einkaufserlebnisse haben somit eine kurze Halbwertzeit. Das ausgegebene Geld dagegen ist für immer weg. Eine Abzahlungsrate Monat für Monat für die Anschaffung belastet jedoch über eine längere Zeit. Ein Kauf auf Pump engt immer künftige ein. Bei Großanschaffungen, wie eine Eigentumswohnung oder ein Einfamilienhaus, sind langfristige Kreditfinanzierungen jedoch notwendig und auch sinnvoll. Kurzlebige Wirtschaftsgüter oder kreditfinanzierter Konsum sind häufig eine Wohlstandsvorwegnahme für morgen. Die vielen Sonderangebote mit scheinbar üppigen

Rabatten machen uns den Kaufverzicht schwer. Individuell kann das nachhaltige unangenehme Folgen haben. Das interessiert aber nicht die Produkt- und Leistungsanbieter in den städtischen Läden oder im Onlinehandel. Deren Ziel ist Umsatz und davon möglichst viel. Käufe mit scheinbar günstigen Ratenzahlungen entpuppen sich bei näherer Betrachtung oftmals als nicht mehr so günstig. Die hohe Zahl der jährlichen Privatinsolvenzen in unserem Land ist zu großen Teilen durch die vielen Anschaffungen auf Pump verursacht worden. Bei unseren Kaufentscheidungen wirkt unterschwellig oftmals mit, dass wir uns auch das leisten möchten, was andere haben. Wer über einen längeren Zeitraum mehr Geld ausgibt als verfügbar, der belastet seine wirtschaftliche Zukunft. Im Extremfall, bei einer Zahlungsunfähigkeit, bleibt nur noch der Weg in die Privatinsolvenz. Mit amtsgerichtlichem Beschluss beginnt eine harte Entschuldungsphase, die inzwischen auf drei Jahre reduziert wurde. Quasi ein Zwang zur konsequenten Kaufzurückhaltung. Eine beengende Zeit, die nicht einfach ist. Geld ausgeben, auch wenn man es nicht hat, ist gesellschaftlich weit verbreitet und unser Staat ist da auch kein gutes Vorbild.

Deutschland, vom Bund bis zu den Kommunen, hat in den letzten Jahrzehnten eine Staatsverschuldung von mehr als 2,4 Billionen Euro aufgebaut (Stand: Ende 2022). Nach Angaben des Statistischen Bundesamtes betrug die Pro-Kopf-Verschuldung damit mehr als 28.000 Euro. Tendenz steigend. Die massiven Neuverschuldungen in der Coronakrise sowie für die von Bundeskanzler Scholz proklamierte Zeitenwende kommen noch hinzu. Dass diese Schulden in der Summe jemals zurückgezahlt werden, kann ich mir nur schwerlich vorstellen. Die Politiker gehen wohl davon aus, dass sich der Schuldenstand über die jährliche Inflation relativiert. Die EZB (Europäische Zentralbank) mit Sitz in Frankfurt setzt diesbezüglich langfristig eine jährliche Inflationsrate von rund 2,0 % als Ziel. Einzelne Schuldenpakete werden bei Fälligkeit zurückgezahlt. Sie stehen jedoch meistens im Kontext mit der Aufnahme neuer Darlehen. Schulden sind dann nicht verwerflich, wenn dadurch langfristige und zukunftsnotwendige Investitionen finanziert werden. Daraus kann unser Staat dann zusätzliche Steuereinnahmen generieren. Die im Grundgesetz seit einigen Jahren verankerte Schuldenbremse bei Überschreiten einer bestimmten Summe konnte in den vergangenen Jahren eingehalten werden. Allein die Zinskosteneinsparungen des Bundes von jährlich sicherlich 20 bis 30 Milliarden Euro haben die Bundeshaushalte seit der Eurokrise im Jahr 2010 massiv entlastet. Dass ein Finanzminister mit der Aufnahme von neuen Schulden jährlich Milliardenerträge erwirtschaften konnte, ist kaum nachvollziehbar, aber wahr. Dem Staat tat das gut. Andererseits haben Bürger*innen für ihre Sparguthaben, seit mehr als zehn Jahren, geringe oder keine Zinsen mehr bekommen und damit im Hinblick auf die jährliche Inflation erhebliche Vermögensminderungen in Kauf nehmen müssen. Insbesondere Pensionsfonds und Rentner*innen sind hiervon betroffen, die über Jahre für das Alter angespart und sukzessive Teile des Lebensunterhaltes davon bezahlen müssen. Alternative Geldanlagen mit kurzfristiger Verfügbarkeit und Zinserträgen zum Ausgleich der Inflation gab es in den letzten Jahren nicht. Die sich hierdurch in der Bürgerschaft ergebenen Wertverluste dürften in der Summe mehrere Hundert Milliarden Euro betragen. Quasi ein Verlust zum Vorteil des Staates und zugleich eine Umverteilung in unserer Gesellschaft.

Auf der Gewinnerseite finden sich diejenigen, die für ihre privaten Anschaffungskredite oder für die Finanzierung einer Immobilie niedrige Zinsen zahlen. Konsum auf Pump wurde damit erheblich günstiger und der Erwerb einer Immobilie oder der Bau eines Einfamilienhauses für viele bezahlbar. Das hat die Nachfrage in den letzten Jahren massiv gesteigert. Die nur begrenzte Verfügbarkeit von Baugrundstücken hat die Immobilienpreise dann regelrecht explodieren lassen.

Solche Situationen hat es aber auch schon im 20. Jahrhundert gegeben. Hohe Nachfrage führt allgemein zu höheren Preisen, weil eben im Markt durchsetzbar. Was knapp ist, kann teurer verkauft werden. Der Zinssatz für ein Hypothekendarlehen mit zehnjähriger Zinsfestschreibung hat sich seit Anfang 2022 jedoch etwa vervierfacht. Im Vergleich zu den 70er-Jahren des letzten Jahrhunderts ist das aber immer noch sehr wenig. Die Politik der EZB und früher der Bundesbank hat das Ziel, über die Zinssteuerung auf die Inflation und auf ein vertretbares Wachstum Einfluss zu nehmen. Hier spielen immer auch politische Interessen eine Rolle, weil die Staaten sich zu möglichst niedrigen Zinssätzen verschulden möchten. Zinskosten, Konjunkturprogramme und Steuern sind Stellschrauben der politisch Handelnden. Das braucht Weitsicht und Mut, um das Beste für die Bürger*innen zu ermöglichen. Auch unsere staatlichen Ebenen können dauerhaft nur im Rahmen des Verfügbaren und Zumutbaren verantwortlich handeln. Die Themen „Nachhaltigkeit" und „Generationengerechtigkeit" werden in den nächsten Jahren noch stärker in den Fokus unserer Gesellschaft rücken. Ein Weiter so wird es perspektivisch in vielen Bereichen unserer Gesellschaft nicht mehr geben. Eine schmerzliche Erkenntnis im Hinblick auf die dringend anstehenden Handlungsfelder des Staates. Nicht nur in punkto Digitalisierung ist Deutschland im Rückstand.

Die Infrastruktur in unserem Land genügt nicht mehr den heutigen und künftigen Anforderungen. Viele Straßen und Brücken wurden vor Jahrzehnten gebaut und sind inzwischen marode, weil das Verkehrsaufkommen erheblich gestiegen ist. Die zentrale Lage unseres Landes hat den Verkehrsfluss seit der Öffnung der DDR-Mauer 1989 zusätzlich zwischen West- und Osteuropa erheblich erhöht. Die Globalisierung mit Produktionen just in time haben auch dazu geführt, dass Warentransporte auf Verkehrswegen für die internationalen Lieferketten unverzichtbar geworden sind.

Unsere Autobahnen dienen quasi als Ersatz für größere Lagerhaltungen. Was sich aktuell bei Störungen auf den Transportwegen auf die wirtschaftliche Lage und nicht verfügbarer Waren beim Verbraucher auswirkt.

So manche Verwaltungsgebäude, Schulen oder Schwimmbäder wurden über Jahre nicht sukzessive modernisiert. Geld wurde von den Kommunen gespart oder anderweitig ausgegeben. Die Folge ist ein erheblicher Renovierungs- und Modernisierungsstau, der in den nächsten Jahren mit sehr hohen Kosten behoben werden muss.

Die Corona-Pandemie hat in den letzten Jahren deutlich gemacht, dass unsere Gesundheitsämter lange vernachlässigt wurden. Die Informationsübermittlung mit den eigentlich ausgedienten Faxgeräten erwies sich als zeitaufwändig, aber mangels moderner Technik als unverzichtbar. Die Digitalisierung der deutschen Bürokratie wurde, auch im Vergleich zu manchen osteuropäischen Ländern, verschlafen. Das hat auch mit den vielen Behördenebenen zu tun. Wenn Fortschritt in unserem föderalen Staatssystem im Gerangel von Zuständigkeiten unter die Räder kommt, dann gibt es einen dringenden Handlungsbedarf, um das zu ändern. Hier sind unsere Politiker auf den unterschiedlichen Ebenen in der Pflicht, gemäß ihrem Eid, Schaden vom Volk abzuwenden. Das geht nur mit einem Blick für das Ganze und Verzicht auf egoistische Eigenbrötlerei. Wir sitzen in einem Boot und nur wenn alle in die gleiche Richtung rudern, wird das Boot auch das Ziel erreichen.

„Die Rente ist sicher." Dieser Satz von dem inzwischen verstorbenen Arbeitsminister Norbert Blüm wird auch heute immer wieder pauschal gesagt. Rente ja, aber in welcher Höhe? In den nächsten Jahren gehen die sogenannten Babyboomer mit sehr starken Jahrgängen in Rente. Unsere Alterspyramide zeigt seit Jahrzehnten deutlich, dass demnächst wesentlich mehr Menschen in Rente gehen als junge Menschen das arbeitsfähige Alter erreichen und damit zu

Rentenbeitragszahler werden. Der Rentenexperte Professor Raffelhülsen weist seit Jahren mit seinen Berechnungen darauf hin, dass sich hier eine gewaltige Schieflage für unsere Gesellschaft auftut. Eine ungelöste Altlast mit massiven Folgen. Bereits heute muss der Staat jährlich mehr als 100 Milliarden Euro zur Deckung der ausgezahlten Renten einbringen. Dieses Rentendefizit wird weiter steigen und sucht nach einer generationengerechten Lösung. Eine stärkere Erhöhung der Rentenbeiträge der jungen Arbeitnehmer ist wohl nur begrenzt möglich und verantwortbar. Kürzungen bestehender Rentenbezüge sind ohnehin nicht machbar, da die heutigen Rentenbeträge nach Abzug der Kranken- und Pflegekassenbeiträge bei vielen Menschen keine ausreichende Existenzsicherung darstellen. Die Politik ist gefordert, hier nachhaltig vertretbare Wege für Jung und Alt zu finden. Ein Weiter so kann es nicht geben. Ja, es wird auch für Politiker*innen unpopulär sein, wenn sie im Sinne der Nachhaltigkeit unseres Rentensystems beispielsweise für ein weiteres Verschieben des Renteneintrittsalters plädieren. Das wäre logisch, denn die Lebenserwartungen der Menschen werden weiter steigen. Babys, die heute geboren werden, haben eine gute Chance für ein 100-jähriges Erdenleben. Zudem trägt Arbeit als Bühne für persönliche Leistung auch zur Zufriedenheit des Menschen bei. Beschäftigungsbedarfe gibt es reichlich. Zudem eignet sich der Mensch immer auch für verschiedene Tätigkeiten. Für den Übergang braucht es Regelungen und Begleitungen. Man muss es nur wollen, dann findet man auch eine tragfähige Lösung. Veränderungen und Anpassungen gehören zum Leben. Lösungen müssen fair und offen kommuniziert werden. Dann lässt sich ein Akzeptieren oder Einlassen auf neue Situationen in der Regel auch als Win-win-Situation erleben.

NACHHALTIGES, VERANTWORTLICHES LEBEN BRAUCHT ACHTSAMKEIT FÜR DIE IRDISCHEN RESSOURCEN

Eltern und Kinder sind tragende Säulen unserer Gesellschaft. Ein Kind wird geboren und wächst bei Mutter und Vater oder zunehmend nur bei einem alleinerziehenden Elternteil auf. Das Erwachsenwerden eines Kindes ist geprägt von Vertrauen und Liebe, von Geborgenheit und auch von Freiheit. Es gilt der Grundsatz: „Mütter und Väter wollen stets das Beste für ihr Kind." Bei der Umsetzung eines solchen Anspruches entzünden sich häufig die ersten Meinungsverschiedenheiten. Es lässt sich wohl nie eindeutig für alle Lagen des Lebens erkennen, was denn nun wirklich das Beste oder das Richtige ist. Das Leben ist sehr vielfältig und kompliziert. Sich darin zurechtzufinden und für sich selbst stets den allerbesten Weg zu gehen, ist mehr Wunsch als Wirklichkeit. Die Erkenntnis kommt häufig erst im Nachhinein. Mancher Zweifel entpuppt sich in der Rückschau als unbegründet. Aber auch optimistische Sichtweisen können rückwirkend betrachtet eine Sackgasse sein. Wenn selbst Erwachsene das für sich nicht 100%ig hinbekommen, wie sollen es dann junge Menschen perfekt schaffen? Eltern begleiten ihre Kinder und werden dabei als Vorbild wahrgenommen.

Wie Kindererziehung gelingt, hängt teilweise auch von den gesellschaftlichen und staatlichen Rahmenbedingungen ab. Abhängig von der Höhe des Kindergeldes können die materiellen Bedürfnisse des Kindes mehr oder weniger erfüllt werden. Die Kindertagesstätte mit unterschiedlichen Nutzungszeiten ermöglicht dem Kind eine intensive Sozialisierung mit Gleichaltrigen. Gruppenstärke und personelle Besetzung haben dabei Einfluss. Sie hängen aber auch am Tropf der staatlichen Ausgabenbudgets. Gleiches gilt für den Lernort Schule.

Und gutes Personal verdient auch eine entsprechende Entlohnung. In den Tarifverhandlungen für die Mitarbeiterinnen und Mitarbeiter in sozialen Berufen, wie beispielsweise für Erzieherinnen und Erzieher, werden immer wieder von den Arbeitgebervertretern die begrenzten Finanzmittel vorgetragen. Ich frage mich, ob eine Tätigkeit mit und am Menschen weniger wert ist als beispielsweise am Fließband eines Produktionsbetriebes. Ein Produktions- oder Handelsunternehmen macht Umsätze und erzielt in der Regel auch gute Gewinne. Folglich ist es dann leichter, bei Tarifverhandlungen für Arbeitnehmer etwas mehr draufzulegen. Kann das aber ein gerechtes Kriterium für die Höhe einer Entlohnung sein? Bei einer Umfrage, da bin ich mir sicher, würden große Teile der Bevölkerung zustimmen, dass Arbeit in sozialen Dienstleistungsbereichen sehr wertvoll ist. Vielleicht brauchen wir bei den staatlichen und sozialen Ausgabenstrukturen ein Umdenken. Ein Mehr für die urmenschlichen Bedürfnisse und ein Weniger für komfortable Bauvorhaben und verzichtbare Prestigeprojekte.

In den Familien haben die Themen „Kindergarten" oder „Schule" mehr oder weniger ihren Stellenwert. Je nach verfügbarer Zeit und dem eigenen Bildungs- und Lebensniveau interessieren sich Väter und Mütter ganz unterschiedlich dafür, wie es ihrem Kind in der Schule geht. Einige Eltern pflegen einen intensiven und guten Kontakt zur Lehrerschaft und engagieren sich in Schulkonferenzen oder bei Schulfesten. Andere zeigen sich weitgehend desinteressiert oder lustlos beim Thema „Schule für die Kinder". Familien leben sehr individuell und fühlen sich in dem vertrauten Milieu meistens auch wohl. Wie Väter und Mütter ihr Leben einrichten, laufen lassen oder mitgestalten, so leben häufig auch die Kinder. Vorgelebte Verhaltensweisen und Gewohnheiten haben eine gewisse Leitfunktion. Und das gilt sowohl für das Positive wie für das Negative.

Viele Eltern, insbesondere die wachsende Zahl der alleinerziehenden Mütter und Väter, sind durch ihre existenzsichernde

Berufstätigkeit im Alltag stark eingespannt. Was heutzutage alles geleistet wird, verdient höchsten Respekt. Aufmerksamkeit, Zuspruch, Motivation, Zärtlichkeit und vor allem Liebe schenken ist in der Summe eine große emotionale Leistung. Es sind unbezahlbare, kostbare Werte, die ein Kind auf dem Weg zum Erwachsenwerden stark machen. Den Kindern zuhören, ihnen Zeit schenken, sie trösten und ihnen Mut zusprechen, das kostet immer wieder Geduld. Neben den beruflichen Anforderungen braucht es da schon ein entsprechendes Zeitmanagement, um den Alltag mit Kindern physisch und emotional bedarfsorientiert gestalten zu können. Zeit ist heute eine knappe Ressource. „Ich habe leider keine Zeit, weil ich dieses oder jenes noch machen muss." Eine Ausrede zu finden, fällt kaum jemandem schwer. Wenn es sein muss, auch mit einer Lüge. Mir sagte mal ein Freund: „Wer sagt, ich habe keine Zeit, der hat keine Lust und räumt anderen Dingen eine höhere Priorität ein." Über die Zeit, insbesondere über die Lebenszeit hier auf Erden, können Menschen nur eingeschränkt verfügen. Für das Aufwachsen junger Menschen und für die individuellen körperlichen wie seelischen Bedürfnisse innerhalb der Familie sollte eigentlich immer ausreichend Zeit verfügbar sein. Das ist aber nicht immer so, weil Menschen aus unterschiedlichen Gründen ihre Prioritäten individuell selbst setzen oder Einflüssen von außen zu schnell nachgeben.

Eine Fülle von Freizeitangeboten und Einladungen können heutzutage genutzt werden. Bei der Auswahl orientiert sich die Entscheidung auch an den persönlichen Wünschen. Hier spielen die individuellen Vorlieben und Lustempfindungen eine entscheidende Rolle. So nimmt sich der Mensch für das eine Zeit, doch für das andere eben nicht.

Es ist Realität, dass der Großteil der Eltern sich auch intensiv Zeit für ihre Kinder nimmt und ihnen eine liebevolle Erziehung gibt. Wie sie dabei konkret mit ihren Kindern umgehen, hat sich über die Jahrzehnte sehr zum Vorteil entwickelt.

Mütter und Väter leisten hier für die Zukunft der Gesellschaft etwas Elementares. Mit Geld ist das nicht zu bezahlen. Das Management einer Mutter, mit oder ohne Berufstätigkeit, ist eine enorme Herausforderung und Leistung. Dafür gebührt allen Eltern, und insbesondere den alleinerziehenden Müttern und Vätern, eine große Anerkennung. Kinder, Jugend und Familie sind Aufgaben, die jeden in der Gesellschaft angehen. Die seit Jahrzehnten stark rückläufigen Geburtenzahlen in Deutschland führen nachhaltig zu gravierenden Veränderungen in diesem Land. Über die Folgen der demografischen Entwicklung wird inzwischen auch zunehmend diskutiert. Der Trend wird kaum aufzuhalten sein, er kann nur in den nächsten Jahrzehnten maximal etwas abgemildert werden. Wo eine Gesellschaft ihre Zukunft verantwortungsvoll im Blick hat, wird sie alle Möglichkeiten nutzen, um für Kinder und Jugendliche gute Rahmenbedingungen zu schaffen. Das gelingt einigen Ländern offensichtlich besser als Deutschland. So sind beispielsweise in Frankreich die Geburtenzahlen deutlich höher. Es ist nicht allein eine Frage des Geldes, sondern auch von den gesellschaftlichen Rahmenbedingungen sowie von den individuellen Einstellungen zu Kindern abhängig.

Die Situation in Familien hat sich in den letzten Jahren sehr verändert. Den Erziehungsauftrag für Kinder und Jugendliche können Väter und Mütter allein nicht mehr tragen. Kitas und Schulen haben sehr wichtige Teilaufgaben übernommen. Neben der Vermittlung von Lerninhalten und Wissen brauchen viele Kinder eine ergänzende Unterstützung im erzieherischen und sozialen Bereich. Beispielsweise ist hier das Schulsystem in Finnland seit einigen Jahren Deutschland voraus. Neben den Fachlehrern gibt es dort an den Schulen, seit Jahren im Ganztagsbetrieb, selbstverständlich auch eine ausreichende Anzahl von Sozialbetreuern. Deren Aufgabe ist es, bei erkennbaren Verhaltensdefiziten pragmatisch und erfolgreich Schüler zu begleiten. In unserem Land ist erkennbar, dass die Zahl der Kinder und Jugendlichen mit Erziehungsdefiziten deutlich angestiegen ist. Zunehmend fühlen sich Väter und Mütter überfordert, den modernen und komplexen Familienalltag strukturiert zu bewältigen. Die Folge: Kinder verbringen täglich Stunden mit den modernen Medien, statt sich ausreichend sportlich zu betätigen und gemeinsam mit Freunden oder mit der Familie etwas zu unternehmen.

Mütter und Väter wissen, dass Kinder auch sehr anstrengend, ja, nervend sein können. Sie fühlen sich verantwortlich und bemühen sich, ihr Bestes zu geben. Doch sie spüren auch ihre Grenzen. Der Mensch ist kein Alleskönner, auch wenn er das sein möchte. In der Solidarität und im Miteinander gelingt gegenseitiges Ergänzen und Stärken. Das gilt insbesondere für unsere Familien, dem Basisraum für menschliche Geborgenheit und für den Reifeprozess junger Menschen. Gerade hier ist der Ort, wo fürsorglich ein Austausch von Geben und Nehmen erfolgt. Die gegenseitige Achtsamkeit mit ihren vielfältigen Facetten ist die Basis für das Gelingen. Menschen brauchen die Solidarität mit anderen. Wird diese nur einseitig gelebt, wächst das Gefühl „Ich werde ungerecht behandelt". Wer besonders engagiert ist, fühlt sich manchmal ausgenutzt und benachteiligt. Entweder kommt es zu einem Streit oder es wird resigniert der Rückzug angetreten. Das Gefühl der Enttäuschung oder Verärgerung bleibt als offene emotionale Wunde.

Es wäre ein Trugschluss, wenn diese Gesellschaft glauben würde, alles nur mit mehr Geld erledigen zu können. Das im Gießkannenprinzip über Familien ausgeschüttete Kindergeld von jährlich weit mehr als 30 Milliarden Euro ist eine beachtliche Summe. Sie kommt aus dem staatlichen Solidartopf, der von steuerzahlenden Bürgern angefüllt wird. Bei allen staatlichen Ausgaben muss aber angesichts der enormen Verschuldung auch hier hinterfragt werden, ob das Kindergeld in der heutigen Form wirklich bedarfsgerecht zum Wohl der

Kinder und Jugendlichen optimal eingesetzt wird. Die aktuell viel diskutierte Kinderarmut basiert auf Einkommensverhältnissen der Mütter und oder Väter. Den Fokus jedoch nur auf das Familiennettoeinkommen zu richten, ist nicht ausreichend. Das monatliche Einkommen ist nur die eine Seite. Ebenso und häufig primär bleibt für die Kinder wenig Einkommen übrig, weil Eltern oder alleinerziehende Väter und Mütter ein Problem mit der Ausgabenseite haben.

Bürger und Bürgerinnen äußern zunehmend ihre Zweifel bezüglich der Gerechtigkeit in diesem Lande. Solange genug Geld zur Verteilung verfügbar ist und es den Einzelnen persönlich nicht zusätzlich belastet, macht sich eine gewisse Gelassenheit oder Bequemlichkeit breit. Doch auch in diesem so reichen Deutschland mit einer Ratingbestnote AAA zeigen sich Grenzen der Verschuldung, des Wirtschaftswachstums und auch des Wohlstandes. Selbst die bürgerliche Mittelschicht mit Kindern spürt inzwischen sehr deutlich, wie das frei verfügbare Haushaltsnettoeinkommen dahinschmilzt. Für den gesellschaftlichen Frieden werden Bürgerschaft und Politik sich gemeinsam auf eine weniger ausgabenorientierte Politik einrichten müssen. Alles Wünschenswerte ist nicht mehr finanzierbar. Das wird für unseren Staat, von den Kommunen bis zum Bund, weitsichtige und sparsame Ausgabenplanungen erfordern. Potenziale zum Sparen gibt es viele. Deutschland ist kein Schlaraffenland und die Zufriedenheit der Bevölkerung definiert sich nicht nur über das Materielle. Sparsamkeit und Verzicht gelingen leichter, wenn deren Notwendigkeit oder die damit nachhaltig verbundenen Vorteile mit Klartext und Transparenz den Menschen vermittelt werden.

Über den kirchlichen und karitativen Bereich habe ich Elternhäuser kennengelernt, in denen Väter und Mütter mit ihren Kindern einfach überfordert waren. Gewiss, in vielen Fällen bekommen Alleinerziehende und vollständige Familiengemeinschaften auch kompetente Unterstützungen durch Beratungsstellen, die wichtige und gute Arbeit leisten. Doch mein Eindruck ist, dass eine gewisse Hilflosigkeit bei der Bewältigung des Lebensalltages mit Kindern oder ohne Kinder deutlich ansteigt. In unserem Land gibt es viele Statistiken über Armut im materiellen Sinn. Doch Armut ist nicht nur ein Problem, das in Euro zu messen ist, sondern zunehmend auch eine Frage der mentalen Hilflosigkeit. Beispielsweise im Umgang mit komplexen und bürokratischen Alltagsangelegenheiten. Welcher Vater oder welche Mutter möchte schon offen eingestehen, dass er oder sie überfordert ist? Ein Blick in die Wohnung und insbesondere in die Küche lässt erahnen, ob hier geordnete oder defizitäre Situationen existieren. Das Herumstehen von Schüsseln und Töpfen mit Essensresten, die aus den Vortagen stammen, oder der Restmüll von überwiegend Fertigprodukten machen deutlich: Diese Familie hat offensichtlich mit den ganz alltäglichen Dingen Schwierigkeiten. In solchen Situationen ist das familiäre Konfliktpotenzial besonders hoch und der Umgang miteinander nicht selten aggressiv. Gegenseitige Schuldzuweisungen und Vorwürfe sind an der Tagesordnung. Die Folgen sind entweder Trennung oder die gemeinsame Einrichtung in der Resignation.

Die Armut in Deutschland ist real präsent, wo Menschen Lebenssinn und Hoffnung verloren haben und wo sie sich für ihr Leben und für ihre Gesundheit kaum noch verantwortlich fühlen. Anfangs ist wohl die Bequemlichkeit das Motiv. Ein Anspruchsdenken in Bezug auf andere und eine Nehmermentalität führen in eine wachsende Passivität und letztlich in eine Aussichtslosigkeit. Wer sich in der Bequemlichkeit dauerhaft eingerichtet hat, der hat Lebensmut und Lebenskraft verloren. Positive Energie gewinnt der Mensch insbesondere durch Erfolgserlebnisse und Anerkennung. Und Erfolg entwickelt sich aus dem, was selbstbestimmt und aktiv geleistet wurde. Wer einmal in die Resignation abgetaucht ist, der braucht innerlich berührendes Mut machen. Achtsame Begegnungen und Lob, auch für gelungene Kleinigkeiten, stärken die Motivation. Wohl nur in kleinen Schritten kann ein schwaches Selbstwertgefühl gestärkt werden.

Selbst wenn Kindergeld, Wohngeld, Bürgergeld oder andere Sozialleistungen erheblich erhöht würden, so könnten damit die mentalen Defizite nicht behoben werden. Neben den geldlichen Transferleistungen braucht es eine Portion Achtsamkeit und Motivation. Das sind urmenschliche Verhaltensweisen, die in Beziehungen erfahren und vermittelt werden. Beispielsweise eine vorurteilsfreie und aufbauende Begleitung in kleinen Schritten und mit regelmäßigen Zeitfenstern. Ein solches Familiencoaching braucht vorübergehend personelle und damit auch finanzielle Ressourcen. Es bietet aber die Chance, dass Menschen zu einem selbstbestimmten und beglückenden Leben zurückfinden. Jeder Mensch, der seine Würde und Verantwortung für sein Leben wiedergefunden hat, wird nachhaltig die öffentlichen Solidartöpfe entlasten.

Kindergärten und Schulen werden erfreulicherweise zunehmend sensibler für die Defizite im Zuhause der Kinder und Schüler. Neben dem spielerischen Miteinander im Kindergarten oder der Vermittlung von Wissen in der Schule wird das Kind mit seiner realen Lebensbiografie und seinen Verhaltensweisen in den Blick genommen. Auch das braucht zwangsläufig personelle, gut ausgebildete Ressourcen. Hier spielt wieder das Geld eine wichtige Rolle. Wo eine Gesellschaft in die Zukunft der Menschen investiert, wird sie nachhaltig Früchte ernten können.

Vor einigen Jahren wurde in der Politik sehr intensiv über die Chipkarte für unterstützungsbedürftige Familien diskutiert. Das Modell und die offensichtlich sehr guten Erfahrungen in der Stadt Stuttgart hatten aber im parteipolitischen Taktieren keine Chance. Es wäre schon möglich gewesen, jedem Kind in diesem Lande eine eigene Chipkarte mit einem festen Jahresbudget für das Mittagessen in der Schule, für die Nutzung von Freizeitangeboten in Musikschule oder Schwimmbad etc. zur Verfügung zu stellen. Unabhängig davon, ob Eltern vom Staat Transferleistungen bekommen oder nicht. Eine gerechte und nicht diffamierende Regelung für alle Kinder wäre so gut möglich. Dass das auch sehr viel Geld gekostet hätte, versteht sich von selbst. Zur Finanzierung wäre eine kleine Reduzierung des monatlichen pauschalen Kindergeldes möglich gewesen. Eine solche transparente, gerechte und praktikable Lösung war in der Politik aber nicht durchsetzbar. So manche gute Idee bleibt im Gestrüpp des politischen Taktierens hängen und verschwindet letztlich in der Versenkung. Ein Zitat von Lucius Seneca in der Wochenzeitung „Die Zeit" lautete: *„Nicht, weil es schwer ist, wagen wir es nicht, sondern weil wir es nicht wagen, ist es schwer."*[2]

Bei der Lösung sich abzeichnender Zukunftsprobleme hat die Erwartungshaltung der Bürgerinnen und Bürger einen ganz entscheidenden Einfluss. „Für meine Generation, für meine Situation, für meine Belange soll Politik sich einsetzen und angenehme Regelungen beschließen." Politiker*innen sind immer mit Erwartungen der eigenen Klientel und dem Werben der Lobbyisten konfrontiert. Je nachdem, welche Bürgerschicht aktuell in den Medien als benachteiligt im Fokus der Öffentlichkeit steht, findet sie Gehör bei Regierenden. Wenn beispielsweise im Fernsehen und in den Zeitungen über Wochen eine hohe Steuerlast der Bevölkerung thematisiert wird, sind Politiker*inne für die Problematik empfänglich und wollen nicht gegen den Strom schwimmen. Es ist eben populär, auf das sogenannte Maul des Volkes zu schauen und dem Mainstream zu folgen. Die Folge ist eine über Jahrzehnte ausufernde Ausgabenpolitik auf allen staatlichen Ebenen. Viele in unserem Lande sehen die daraus nachhaltig erwachsene Dramatik auch als ein dringend zu lösendes Problem an. Griechische Verhältnisse möchte keiner in unserem Land, auch wenn wir davon noch weit entfernt sind. Man muss nicht studiert haben, um zu wissen, dass dauerhaft nur so viel Geld ausgegeben werden kann, wie vorhanden ist. Diese Grundregel des Haushaltens, gibt es sie noch?

Auch Deutschland missachtete diese Regel über Jahrzehnte und möchte doch für Europa Vorbild sein. Im Jahre 2001 lag die Staatsverschuldung in Deutschland noch bei rund 1,2 Billionen Euro. Die Schuldenuhr vom Bund für Steuerzahler Deutschland e. V. zeigt inzwischen eine Summe von mehr als 2,6 Billionen Euro (Juli 2023). Das ist eine kaum vorstellbare Summe. Von einem verantwortungsvollen Umgang mit unseren Staatsfinanzen kann da im Hinblick auf die Zukunft für unsere Kinder und Enkel wohl kaum gesprochen werden. Unsere Gesellschaft hat ein Problem mit dem Geldausgeben.

Nicht die Politiker allein, auch wenn es deren Job ist, nein, jeder Bürger und jede Bürgerin muss, losgelöst von persönlicher Interessenlage, auch Verantwortung für das Gemeinwohl im Lande übernehmen. Zufriedene Wählerinnen und Wähler sind für die Politik angenehm im Umgang. Doch im Schweigen geht das Gefühl für Ungerechtigkeit und für Missstände nicht verloren. Unterschwellig wächst eine Unzufriedenheit, die sich irgendwann Luft verschafft. Zu allen Zeiten hat es bei Schieflagen einer Gesellschaft auch immer kritische oder mahnende Töne im Vorlauf gegeben. Aber Überbringer von schlechten, also unangenehmen Botschaften wurden zu allen Zeiten zumindest mit Argwohn behandelt und nicht selten auch getötet. Das Grundrecht der freien Meinungsäußerung wird häufig genug nicht ehrlich gelebt. Die Wahrheit, wenn sie unangenehm ist, möchte niemand gerne hören. Realität lässt sich aber auf Dauer nicht verdrängen. Manchmal braucht es auch den geeigneten Zeitpunkt, eine gewisse Reife, um ein verdrängtes Problem anzupacken. Das ist in der Politik, in der Wirtschaft oder auch in den Familien recht ähnlich.

Die heutige Lebenswelt bietet eine Fülle an Möglichkeiten und das wird reichlich genossen, von den meisten jedenfalls. Der Einzelne verliert aber zunehmend den Überblick über das Ganze und versteht die Abhängigkeiten und Zusammenhänge immer weniger. Eine gewaltige Bürokratie auf allen staatlichen Ebenen, von der kommunalen Verwaltung in der Stadt bis zur monströs erscheinenden europäischen Verwaltung in Brüssel, produziert immer mehr Gesetze und Verordnungen, die selbst Verwaltungen und Politiker nicht mehr im vollen Umfang verstehen. Ursache ist die Komplexität und das Spartendenken mit großem Einfluss der sogenannten Lobbyisten. Aber auch die Bevölkerung ist an dieser Entwicklung nicht unbeteiligt. Zum einen wird immer mehr nach der Devise gelebt: „Der Ehrliche ist der Dumme." Und wer ehrlich ist, der wird eingestehen, dass er auch nicht gerne Steuern zahlt. Würde das Gesetz der Liebe weltweit gelebt, bräuchte es eigentlich keine weiteren Gesetze zu geben. Aber das ist völlige Utopie. Menschen können sich noch so gute Vorsätze für ihr Verhalten in Bezug auf andere haben, keiner wird sie konsequent umsetzen. So waren Menschen früher, so sind sie heute und so werden auch die künftigen Generationen sein. Ein jeder hat seine guten Seiten, aber auch seine schwachen. Das macht das Miteinander so kompliziert. Und wo Stärke zulasten der Schwäche ausgenutzt wird, gibt es eine Schieflage, die Unterdrückung und Unrecht bedeutet. Daran entzünden sich Konflikte mit einem nicht immer kalkulierbaren Ausgang. Von Christa Schyboll gibt es den Ausspruch: *„Den Schwachen zu tadeln heißt, seine Schwäche zu stärken."* [3]

Aus den vielen gefühlten und realen Ungerechtigkeiten in dieser Welt wächst ein beklemmendes Gefühl, selbst ins Abseits zu gelangen. Mit kreativem Engagement wird die Ich-Position verteidigt und möglichst ausgebaut. Politiker stehen vor dem Problem, dass sie wiedergewählt werden wollen. Um gewählt zu werden, müssen sie beim Wähler punkten und um Sympathie werben. In Talkshows verhalten sich die meisten Politiker, übrigens wie alle Interessenvertreter, gerne so, dass sie beim Zuschauer gut ankommen. Es wird kontrovers diskutiert, doch für ungeliebte Maßnahmen möchte kein Politiker gerne verantwortlich sein.

Für ein nachhaltig funktionierendes Zusammenleben in einer Gesellschaft sind immer wieder größere Anpassungs-Reformen notwendig. Wer Probleme unter den Teppich kehrt, wird in der Regel irgendwann selbst darüber stolpern. Aufschieben, aussitzen oder verharmlosen sind keine Lösungen und verstärken meistens das Problem. Auf äußeren Druck aus der Bevölkerung oder in den Medien wachsen die Ernsthaftigkeit und die Einsicht, dass Handeln in einem größtmöglichen Konsens jetzt nicht mehr aufgeschoben werden kann.

Die eklatante Staatsverschuldung sowie die Auswirkungen der demografischen Entwicklung auf die verschiedenen Lebensbereiche sind gewaltig und vertragen kein parteitaktisches Verdrängen. Auch in unserem Land können wir es uns nicht mehr leisten, nachhaltig unseren Staat zu überfordern. Wir tun so, als gingen uns die Schulden der Stadt, des Landes und des Bundes nichts an. Es sind aber unsere Verbindlichkeiten. Vom Säugling bis zu den Ältesten ist statistisch gesehen jeder persönlich bereits mit mehr als 28.000 Euro verschuldet. Die heutige Generation wird diese Schulden selbst nicht zurückzahlen können. Über viele Jahrzehnte werden unsere Kinder und Enkel sie abstottern müssen. Das wird den künftigen Generationen drastische Einschränkungen abverlangen. Wie steht es dann mit dem Anliegen von Eltern, die sagen: „Unsere Kinder sollen es einmal besser haben." Liebevoll und verantwortungsbewusst kann es jedenfalls nicht sein, wenn die eine Generation zulasten der nachfolgenden Generationen bereits deren Zukunft verbraucht. Ein Thema, das die Gemüter hier und da noch manches Mal erregen wird, bevor im Konsens eine zukunftsfähige Lösung gefunden ist.

Mit sich selbst zufrieden und glücklich zu sein, hängt aber nicht allein von Besitz und Wohlstand ab. Das zeigen verschiedene Zufriedenheitsbefragungen, auch im Vergleich mit ärmeren Ländern. Nach einer langen Wachstumsphase mit immer mehr Wohlstand und Freizeit könnten nunmehr eine Phase der materiellen Konsolidierung und eine verstärkte Hinwendung zu mehr Menschlichkeit bevorstehen. Die immateriellen Werte, das, was für Euro und Cent nicht käuflich ist, und die sich daraus ergebende Lebensqualität kann wieder stärker in den Mittelpunkt gerückt werden. Geld ist das eine, aber unser Leben ist mehr. Als am 11. September 2001 die zwei von Terroristen manipulierten Flugzeuge in die Türme des World Trade Centers flogen und diese zum Einstürzen brachten, sagte mir ein Mann: „Der Mensch wird immer wieder an seine Grenzen erinnert. Für Sicherheit, Frieden und Wohlstand gibt es keine Garantien."

Auch Deutschland ist gesellschaftlich kein Paradies und in den diversen Beziehungsebenen auch nicht immer friedvoll und gerecht. Das Grundbedürfnis nach Gerechtigkeit wird sehr stark über das Materielle definiert. Ohne reichlich sprudelnde Steuerquellen scheint eine Demokratie nicht zu funktionieren. Doch Politik ist weit mehr, als Wahlgeschenke zu verteilen.

Der Ruf nach dem Staat, er solle dieses und jenes finanzieren, kommt lautstark und intensiv immer wieder von den bundesweit organisierten Interessenverbänden. Und diese haben in der Regel ihre Büros in der Nähe der politischen Schaltzentralen. Jeder Interessenverband kocht sein eigenes Süppchen. Und damit werden Politiker regelmäßig gefüttert. Das Wohl des ganzen Volkes wird da schon mal etwas vernachlässigt. Für die Zukunft des Landes braucht Deutschland keine profilierungsorientierten Einzelkämpfer mit rhetorischen und populistischen Phrasen, sondern ehrliche und verantwortliche Teamplayer, die als Mannschaft engagiert und gerecht das politische Spiel weitsichtig und mit nachhaltiger Verantwortung forcieren.

Für manche Entscheidungen mag es bereits fünf vor zwölf sein. Unsere Kinder und Enkel mahnen uns. Unpopuläre, aber notwendige Entscheidungen zu verschieben ist sehr menschlich, aber ein riskanter Weg. Gute Botschaften verkünden wir mit Begeisterung. Bei unangenehmen Dingen eiern wir nicht selten herum, weil wir vielleicht Ablehnung oder eine massive Auseinandersetzung befürchten. Das möchten wir vermeiden, zumal wir stets auf ein positives Feedback ausgerichtet sind. Da sind eben Politiker auch nur Menschen.

In diesem Land berufen sich manche auf die jüdisch-christliche Tradition. Im Alten Testament hat Gott dem Moses auf dem Berg Sinai für ein geordnetes Leben der Menschheit lediglich Zehn Gebote mit auf den Weg gegeben. Unter anderem geht es um die Anerkennung einer schöpferischen Macht, die Christen „Gott" nennen, um die Wahrung der Eigentumsrechte anderer, um die Ehe sowie um die Achtung der Würde der Eltern in deren Alter. Auf einen Nenner gebracht: Die Grenzen sind da, wo durch Worte und Taten andere in ihren Rechten eingeschränkt werden. Im Neuen Testament der Bibel spricht Jesus von der Gottes- und der Nächstenliebe. Der Heilige Apostel Paulus spricht in seinem 1. Brief an die Bevölkerung in Korinth unter anderem über die Liebe, die gütig und nicht eifersüchtig ist, die nicht prahlt und sich freut mit der Wahrheit. Wenn diese Botschaften für das menschliche Zusammenleben konsequent befolgt würden, dann bräuchte es eigentlich keine weiteren Gesetze. Menschen, die danach leben, ersparen sich belastenden Streit und können das friedliche Miteinander genießen. Wer Frieden und nicht den Kampf der Worte will, der wird selbst damit beginnen. Darum gilt er auch als der Klügere, weil dieser ja bekanntlich gut nachgeben kann. In vielen Familien wird häufig tagtäglich auch ein Stück danach gelebt, weil auf so engem Raum nur das Friedenschließen und das Verstehen ein harmonisches Miteinander ermöglichen.

MENSCHEN SIND NIEMALS PERFEKT. DER UMGANG MIT FEHLERN AUCH NICHT

In meinem Beruf hatte ich einen Kunden, bei dem war der Bank ein eindeutiger Fehler zu seinem Nachteil unterlaufen. Auch wenn ich ihn nicht selbst verursacht hatte, so war ich als Betreuer für diesen Firmeninhaber zuständig. Er rief mich an und beschwerte sich recht aufgeregt über eine falsche Zinsberechnung bei seinem etwas komplexeren Vorgang. Da ich während des Telefonates die Sachlage nicht klären konnte, sagte ich ihm eine Überprüfung und einen Rückruf zu. Nein, er wollte vorbeikommen und so vereinbarten wir einen Termin für die nächsten Tage. Inzwischen hatte ich bankintern recherchiert und einen Eingabefehler unserer Bank festgestellt. Mein Kunde kam zu mir und nach einer freundlichen Begrüßung habe ich ihm gesagt: „Die Bank hat einen Fehler gemacht und deshalb wurden ihnen zu viele Zinsen berechnet. Dafür entschuldige ich mich in aller Form und wir werden rückwirkend den vereinbarten Zins ansetzen, so dass Sie keine Nachteile haben." Daraufhin sagte mir der Kunde, was ich über Jahre nicht vergessen habe: „Da habe ich mir zu Hause für dieses Gespräch überlegt, wie ich Ihnen gegenüber argumentieren kann, damit Sie einen Fehler eingestehen. Nun stehen Sie zu dem Fehler, entschuldigen sich und bieten Wiedergutmachung an. Was soll ich jetzt noch sagen? Da bleibt mir nur noch das ‚Ja, es ist in Ordnung'." Aus dieser Situation ist für Jahre eine sehr vertrauensvolle Beziehung gewachsen. Ich selbst habe hieraus gelernt. Mein Fazit: Wenn ich einen Fehler gemacht habe, ist es vorteilhaft, ihn aktiv und bedauernd zu benennen. Eine aufrichtige Entschuldigung mit einer Bereitschaft zur Wiedergutmachung stimmt den Geschädigten verständnisvoll und zufrieden. Und mir selbst erspare ich langes Unwohlsein und aufwändiges Taktieren und Herumeiern.

Menschen begegnen sich auf vielen Beziehungsebenen und mit sehr verschiedenen Charakteren, was immer wieder zu Konfrontationen herausfordert. Das Grundmuster für das Entstehen von Streit ist immer ähnlich. Unterschiedliche Interessenlagen oder Wünsche prallen aufeinander. Mit allen erdenklichen Mitteln versucht jeder, seinen Vorteil durchzusetzen. Ein Kampf um Anerkennung, Zuspruch, Besitz oder Macht. Wenn die Bereitschaft gegeben ist, aufeinander zu hören, fair die Argumente auszutauschen und einen Konsens zu ermöglichen, siegt die von allen gesuchte Harmonie. Mit Respekt und Wohlwollen ist das Leben erfolgreicher und freudiger.

Menschen ärgern sich gelegentlich auch über ihr eigenes Versagen. In meiner Kindheit hörte ich mehrfach den Ausspruch meines Vaters: „Was sollen die Leute denken?" Dahinter steckte eine Besorgnis, dass die Familie in der Öffentlichkeit ins Gerede oder in ein schlechtes Licht kommen könnte. Nach außen wurde früher und wird auch heute noch gern die heile Welt vorgespielt. Alles soll als perfekt wahrgenommen werden. Ein scheinbar gutes und harmonisches Miteinander. Ein trügerischer Schein nach außen. Die Realität ist häufig ganz anders. Perfektion, alles im Griff zu haben sowie zufrieden zu sein, das bleibt oft eine Wunschvorstellung. Das schafft kein Mensch. Niemand hat zu allen Zeiten alles gut geregelt. Sowohl Positives wie Negatives sind im Auf und Ab stets auf Wanderschaft. Alle Bemühungen, als erfolgreich und leistungsstark anerkannt zu werden, zeigen immer wieder ihre Brüchigkeit. Die Wahrheit holt uns bekanntlich sehr schnell ein. Die Realität kann schon weh tun. Nur der ehrliche Blick auf das eigene Verhalten vermeidet die Verblendung und überraschtes Erwachen. Menschen, die authentisch und damit auch offen mit ihren Stärken und Schwächen leben, sind weniger angreifbar. Ihnen bleibt mühevolles Taktieren um Wahrheiten oder Positionen erspart. Sie bauen keine Fassade auf, die andere einreißen können. Wer Wahrheit, Offenheit und Klarheit wirklich lebt, der gilt als berechenbar und genießt großes Vertrauen. So ist Vertrauenswürdigkeit ein Produkt der eigenen Wahrhaftigkeit.

Irrtümer und Versagen gehören zum Menschsein. Für das eigene Fehlverhalten sollen andere Verständnis haben und sie mögen bitte eine Entschuldigung annehmen. Doch umgekehrt wird erwartet, dass keine Fehler gemacht werden. Erwartungen können nur selten dauerhaft erfüllt werden. Der Glaube an eine Vollkommenheit ist zwar sehr präsent. Es passt aber nicht zu einem ehrlichen Menschen. Besser helfen eine Portion Geduld, etwas Toleranz und vor allem die Bereitschaft zu einem fairen Miteinander. Solche Verhaltensmuster scheinen in der heutigen leistungsorientierten Welt etwas aus der Mode gekommen zu sein. Es ist doch eine Binsenweisheit, dass derjenige, der arbeitet und etwas leistet, selbstverständlich auch mal Fehler macht. Das Bemühen zum Bessermachen, in der Schule, am Arbeitsplatz, in der Familie oder beim gemeinsamen Tennismatch, wird grundsätzlich bejaht. Lernen, Training, Kreativität und Neues auszuprobieren, bringen jeden immer nach vorne. Die gegenseitige Achtsamkeit ist der Schlüssel, um etwas positiv zu verändern. Es ist nicht verwerflich, andere auf Fehler anzusprechen. Tue ich es aber, um mich als Besserwisser über ihn zu erheben? Es wird als arrogant angesehen und provoziert Widerspruch. Erfolgreicher ist eine verständnisvolle und achtsame Variante, indem auch das Positive wahrgenommen und widergespiegelt wird. Das öffnet die Tür für alternative Wege. Angeregt etwa mit der Frage: „Welche andere Lösungen oder Möglichkeit könnte es aus deiner Sicht geben?" Niemand lässt sich gerne reinreden. Und fast immer gibt es nicht nur einen richtigen Weg. Mit der Frage nach Alternativen und mit Wertschätzung für das Bedürfnis nach Selbstbestimmung sind Veränderungen konfliktfrei und schneller möglich.

Menschen mögen es, wenn sie im Frieden und in Harmonie Beziehungen leben können. Kleine Versäumnisse werden nicht unbedingt an die große Glocke gehängt und unter der Position „Großzügigkeit" schnell vergessen. Wenn es aber nicht mehr um Bagatellen geht, sind die Aufregung und der Ärger ungleich höher. Emotional empfundene Verletzungen werden aus Angst vor einer Harmoniestörung nicht direkt angesprochen und unter den Teppich gekehrt. Die brodelnden Emotionen bleiben erhalten und entwickeln eine ganz eigene Dynamik. Zu einem späteren Zeitpunkt tauchen sie wieder auf und werden mit einer größeren Wucht für Erschrecken und Unverständnis sorgen. Für alle Beteiligte ist der Konflikt dann real existent. Nicht ausgesprochene Gefühle können von außen auch nicht konkret wahrgenommen werden. „Dass dich das geärgert hat, habe ich gar nicht gewusst." So eine überraschte Reaktion.

Manchmal gibt es Situationen, in denen es angebracht ist, den Mund zu halten und die Sache zu vergessen. Ist mit dem Schweigen aber nicht zugleich auch ein wirkliches Verzeihen verbunden, dann bleibt in der Tiefe der Gefühlswelt eine emotionale Wunde. Und wie ein U-Boot auftaucht, so kommt Verdrängtes schnell wieder an die Oberfläche. Gefühle brauchen ihren Freiraum, um sich positiv zu entwickeln.

Die individuellen Mentalitäten zeigen sehr unterschiedlich die Bereitschaft zum Verzeihen. Die einen sind weniger nachtragend und verzeihen sehr schnell. Andere dagegen beschäftigen sich mit einem aus ihrer Sicht ärgerlichen Verhalten innerlich sehr lange. Mit sich selbst können aufgestaute Emotionen durch eine innere Haltung des Verzeihens nur selten aufgelöst werden. Aufklärung im Gespräch, das Miteinander-Reden und Zuhören bringen Klarheit, Verständnis und das ersehnte Versöhnen. Der Weg eines Konfliktgespräches und die damit verbundene gemeinsame Problemlösung wird von allen Beteiligten als sehr befreiend empfunden.

In den Familien leben nicht nur individuelle Persönlichkeiten miteinander, sondern auch mindestens zwei Generationen.

Die Eltern sind geprägt durch ihre eigene Erziehung sowie ihre Erfahrungen im Leben. Da gibt es viel Vertrautes, an das sie sich seit ihrer Kinder- und Jugendzeit über Jahre gewöhnt haben. Und so manche Rituale und Verhaltensweisen haben sich im Alltag eingerichtet. Erste Veränderungen für das Leben als Single brachte die Liebe zum/zur Partner*in und der gemeinsame Wille für ein Leben zu zweit. So richtig Familie werden Ehepartner, wenn Kinder geboren werden. Als Mutter und Vater sind sie grundsätzlich sehr fürsorglich und liebevoll für ihre Kinder präsent. Kinder sind ihren Eltern anvertraut, aber sie sind nicht ihr Eigentum. Aus dem kleinen, hilflosen Baby wird mit den Jahren eine immer stärkere Persönlichkeit, die zunehmend eigenständig ihren Weg gehen will und muss. Dabei vergessen Mütter und Väter sehr schnell, dass sie selbst auch mal pubertierend waren. Die Abnabelung von zu Hause ist immer auch mit emotionalen Reibungen verbunden, die auch sehr extrem sein können. Das verlangt von Erziehungsberechtigten ein großes Vertrauen und eine Gelassenheit zum Loslassen.

Zu allen Zeiten der Menschheit hat die junge Generation sich immer irgendwie absetzen wollen. Das zeigt sich in der Sprache, in der Kleidung und im Verhalten der jungen Leute, die alle auf ihrem Weg der Lebenssinnfindung unterwegs sind. Dazu gehören auch Niederlagen und Sackgassen. Besserwisserei, vorwurfsvolle und intolerante Bevormundung, von wem auch immer, wird kategorisch abgelehnt. Der junge Mensch sucht Eigenständigkeit und Freiheit. Und doch wünscht er sich, dass er in seiner Familie immer wieder die ersehnte Geborgenheit und Liebe findet. Es ist für jedes Kind wohltuend, wenn es sich darauf verlassen kann: Meine Mama und mein Papa lassen mich nicht fallen. Die Verbundenheit, die Liebe ist das Band des Vertrauens und des Versöhnens. Was immer auch geschehen sein mag, ein Mensch bleibt immer Kind seiner Eltern.

In der Politik scheint sich eine Mentalität breitzumachen, mit rhetorischen Sprüchen Sachverhalte zu verallgemeinern und möglichst wenig Konkretes zu verkünden. Daraus erwächst eine Beliebigkeit, die wenig angreifbar ist. Wenn beispielsweise der ehemalige Bundesverkehrsminister Scheuer gegen alle guten Ratschläge voreilig teure Verträge für sein Vorhaben „Pkw-Maut" abschließt, ohne die anstehende EU-Entscheidung abzuwarten. Daraus entstand für die Steuerzahler*innen ein Schaden von mehreren Hundert Millionen Euro. Keine Kleinigkeit. Aber unverantwortlich und skandalös. Und der Verursacher lehnt jegliche Verantwortung ab, obwohl es in der Eidesformel heißt: „… und Schaden vom Volke abzuwenden." Nur ein Beispiel für die wachsende Unzufriedenheit der Bürgerschaft mit den gewählten Volksvertretern. Wenn Wähler*innen ihre Unzufriedenheit in der Wahlkabine ausdrücken wollen, so sehen sie bei den etablierten Regierungsparteien zunehmend keine echte Alternative für eine bessere Politik. Der Protest gegen gefühlt schlechtes Regieren zeigt sich in der wachsenden Nichtteilnahme an den Wahlen oder in einem Ausweichen auf Parteien wie die AfD. Wähler und Wählerinnen wünschen sich, dass Männer und Frauen in den verschiedenen Parlamenten und Regierungen unseres Staates sensibel und verantwortlich ihr Reden und Handeln an den alltäglichen Bedürfnissen und Sorgen der Menschen orientieren. Der Verfassungsrechtler Udo Di Fabio hat am 23.07.2023 in einem Interview gesagt:

„Das Grundgesetz traut jeder und jedem Abgeordneten zu, Vertreter des ganzen Volkes zu sein und dabei nur ihrem Gewissen zu folgen. Dahinter steht ein Menschenbild. Der vernünftige und empathische Mensch kann sich in das Schicksal anderer hineinversetzen und es zu seiner eigenen Angelegenheit machen. Die identitäre Vorstellung, der Mensch könne nur genau das vertreten, was sein Geschlecht, seine Hautfarbe, sein Alter oder seine soziale Stellung ihm als definiertes Interesse vorgebe, dementiert die Möglichkeiten menschlicher Vernunft. Der Glaube an die

Kraft offener Diskurse geht verloren, wenn der Erfahrungsaustausch zwischen Menschen nicht mehr ernst genommen wird, weil es heißt: Ich kann nur das vertreten, was ich bin."

Schauen wir uns die Zusammensetzung unserer Parlamente doch an. Menschen, die viele Jahre unter Wettbewerbsbedingungen im Berufsleben gearbeitet haben und sich mit den Lebenswirklichkeiten auskennen, werden in der Politik seltener. Typisch sind heute ein Studium und eine innerparteiliche Karriere. Theoretisch und rhetorisch gut, doch für die Umsetzung der Entscheidungen bezüglich Praktikabilität eher defizitär.

Unser Land hat ein großes Problem mit der stark gewachsenen Bürokratisierung, die zunehmend zu Blockaden oder Verzögerungen führt. Die Menschen im Lande spüren tagtäglich, was alles im Alltag nicht mehr reibungslos funktioniert und schiefläuft. Anfängliche Resignation mündet in Protest und Wut der Bürgerinnen und Bürger und letztlich in Entsetzen beim Auszählen der Stimmzettel im Wahllokal. Eine Stimme am linken oder rechten politischen Rand ist ein Weckruf der Bürgerinnen und Bürger, den politisch Verantwortliche ernst nehmen sollten. Bei größeren Stimmenverlusten und auch bei recht niedrigen Wahlbeteiligungen dürfen Regierungsparteien nicht zur Tagesordnung oder zu Scheindebatten übergehen, sondern sollten sich ernsthaft in die Stimmungslagen der Bürgerschaft hineindenken. Dem Volk aufs Maul schauen und die Lebenswirklichkeiten kennenlernen und ernst nehmen.

FAIRPLAY IN UNSEREM LAND ZWISCHEN WUNSCH UND WIRKLICHKEIT

In meiner Ausbildung zum Kaufmann lernte ich das Verbuchungssystem von Soll und Haben für Ausgaben und Einnahmen. Ziel eines Selbständigen oder einer Firma ist, dass nach Abzug aller Kosten von den Einnahmen ein mindestens auskömmlicher Gewinn als Einkommen übrigbleibt. Das ist dann der Lohn für die eigene Leistung und für das unternehmerische Risiko. Ein Unternehmen, das aber keine Gewinne erwirtschaftet, wird früher oder später zahlungsunfähig und muss beim Amtsgericht Konkurs anmelden. Das ist dann für Arbeitnehmer, für Lieferanten und für den haftenden Firmeninhaber privat ein Fiasko.

Neben der Gewinn- und Verlustrechnung einer Firma werden deren Vermögens- und Schuldenwerte in einer Bilanz verbucht. Die Aktiva wie beispielsweise die Warenbestände oder die Kundenforderungen und die Passiva wie Bank- und Lieferantenkredite sowie das Eigenkapital sind wie eine Waage ausgeglichen. Nur wenn ein Unternehmer oder ein Geschäft ausreichende Gewinne macht, kann die Existenz mit den gewohnten Angeboten für die Kunden gesichert werden. Gerade in Krisensituationen mit Umsatzrückgängen und schwächelnder Wirtschaft steigen die Firmenpleiten und Insolvenzen. Das kann aber auch eine Bereinigung des Marktes sein, wenn Produktqualität und Preis nicht mehr marktgerecht sind.

Als Bürger*in sind wir nicht nur Kunde*in, sondern häufig auch Arbeitnehmer*in mit Lohnzahlungen für die Sicherung unseres eigenen Lebensstandards. Preis- und Lohnentwicklungen haben jeweils Einfluss auf unseren gewohnten Lebensstandard. Über Jahrzehnte haben sich in unserem Land Löhne und Preise weitgehend fair entwickelt. Gewerkschafts- und

Arbeitgebervertreter haben oftmals hart gerungen, doch letztlich akzeptable und faire Lohnerhöhungen vereinbart. Der Kostendruck bei Produktions- und Handelsbetrieben wurde durch Rationalisierungen, niedrige Zinsen und billige Importen aus Niedriglohnländern für Basismaterial oder Produktteile kompensiert. Diese Preissenkungspotenziale scheinen inzwischen weitgehend erschöpft, so dass wir nachhaltig eher mit weiteren Preiserhöhungen bei vielen Dienstleistungen und Waren rechnen müssen. Das erhöht den Druck bei Tarifverhandlungen für steigende Löhne und Gehälter. Und wenn Unternehmen dabei rentabilitätsmäßig in die Knie gehen, dann wachsen die Insolvenzen mit Auswirkungen auf unseren gewohnten Wohlstand und, individuell, mit Arbeitslosigkeit. Politisch wurde die freie Marktwirtschaft als deutsches Erfolgsmodell immer wieder unterstützt. Die Öffnung der Absatzmärkte in Europa und die Einführung der gemeinsamen Währung, dem Euro, gab der Wirtschaft in Deutschland kräftige Schübe und unser Wohlstand konnte kontinuierlich wachsen.

Die politisch gewollte und unterstützende freie und soziale Marktwirtschaft seit 1949 gab unserem Land nach den Kriegsjahren und der enormen Wiederaufbauleistung gute Wachstums- und Wohlstandsmehrungen. Die Wohlstandsbeschleuniger seit Beginn der Bundesrepublik Deutschland verlieren zunehmend ihre Dynamik, weil der Blick stärker unter den Aspekten Nachhaltigkeit und Fairness gesehen werden muss. Zu nennen wäre auch die CO_2-Abgabe oder Kostensteigerungen für importierte Waren wie Öl, Gas und andere Bodenschätze, die in Deutschland nicht verfügbar sind. Steuer- und Abgabenerhöhungen sowie die Beiträge für die Sozialsysteme, insbesondere die Kosten für Renten, Krankheit und Pflege, werden in einer alternden Gesellschaft massiv steigen. Zudem sind die Möglichkeiten für kostengünstigere Produktionen und Dienstleistungen durch Rationalisierungen irgendwann auch erschöpft. Tendenziell werden in vielen

Bereichen unseres Lebens folglich die Preise steigen. All das beeinflusst unseren Wohlstand, der individuell mehr oder weniger zu spüren sein wird. All diese Fakten zu ignorieren oder gar zu leugnen wäre töricht und wird wie ein Bumerang früher oder später zu uns zurückkommen.

Nur wenn wir uns den Zukunftsfragen ehrlich und konkret stellen, können wir uns vorausschauend darauf einstellen. Im Sinne der Nachhaltigkeit für Klima und unseren Lebensraum Erde werden wir mit vielen Anpassungsnotwendigkeiten und Fragen konfrontiert. Werden die dringend benötigten Bodenschätze umweltverträglich und mit fairen Arbeitsbedingungen gefördert? Ist es fair, wenn Textilverarbeitungen zu Niedriglohn und mit schlechten Arbeitsbedingungen erfolgen? Ist es fair, wenn gesunde, noch frische Lebensmittel massenweise vernichtet werden, während Millionen Menschen auf der Erde hungern? Können wir uns Modetrends für eine kurze Saison leisten und neue, nicht verkaufte Kleidung massenweise in die Müllverbrennung geben? Sind Boden-, Wasser- oder Luftverschmutzungen verantwortbar, nur um die Produktionskosten niedrig zu halten? Wie lange wird es möglich sein, Ernteerträge durch Düngung und Bewässerung zu steigern? Die künftigen Generationen, unsere Kinder und Enkelkinder, werden uns noch viele Fragen stellen und unsere Vernichtungsmentalität zum Vorwurf machen.

So manche Lebens- und Verhaltensweisen im alltäglichen Leben sind nicht fair, weil gern das eigene Süppchen gekocht wird. Jeder Einzelne beherrscht dieses Spiel auf der Suche nach persönlichen Vorteilen. Die Bühne der Egoisten gab es immer schon. Doch die Tendenzen zur Rücksichtslosigkeit bis hin zu radikalen Verhaltensweisen haben massiv zugenommen.

Mit der resignativen oder ignoranten Haltung „Als Einzelner kann ich da nichts machen" werden wir die Welt nicht retten können. Das wäre egoistisch und fatal gegenüber künftigen Generationen. Ein Leben nach dem Motto „Weiter so" oder „Nach mir die Sintflut" wäre unverantwortlich und dumm.

Wir sollten aber auch nicht in Angst und Panik verfallen, weil das der Sache nicht förderlich wäre. Mit vielen kleinen Schritten von möglichst vielen Frauen und Männern ist eine große Wirkung möglich. Und der persönliche Mehrwert ist dann das gute Gefühl, etwas zur Wahrung des Lebensraumes Erde getan zu haben.

Fairplay in unserer Gesellschaft wird oft mit Füßen getreten. Gerechtigkeit, Ehrlichkeit oder Transparenz sind deutlich steigerungsfähig. Finanzpolitiker wollen möglichst hohe Steuereinnahmen, weil dann genügend Geld für Ausgaben verfügbar ist. Abseits der Öffentlichkeit werden systembedingt so manche Steuererhöhungen realisiert. So partizipiert unser Staat mit der Mehrwertsteuer automatisch von allen Preiserhöhungen, weil sie auf jeden Produktpreis aufgeschlagen wird. Unser Staat ist somit Profiteur bei Inflationen. Im Steuersystem gibt es eine Vielzahl von Freibeträgen zum Ausgleich für bestimmte Mehrkosten. Diese Freibeträge sind betragsmäßig über viele Jahre ohne Inflationsausgleich eingefroren, weil Anpassungen selten oder gar nicht erfolgen. Anders bei den Diäten der Bundestagsabgeordneten, die jährlich automatisch nach Höhe der allgemeinen Inflation gesteigert werden. Eine Automatik für inflationsmäßige Betragsanpassungen wäre technisch bei diversen Freibeträgen und auch bei den Sozialleistungen wie Bafög, Bürgergeld, Leistungen aus der Pflegekasse möglich und fair. Die Politik muss es nur wollen.

Die Textfluten der Datenschutzverordnungen in vielen Lebensbereichen sind so umfangreich, dass sie kein Mensch vollständig und wirklich verstehen kann. Über PC oder Smartphone wird permanent die Anerkennung solcher Verordnungstexte zur Pflicht gemacht. Wer die Verordnungen lesen würde, könnte sie sowieso nicht vollständig verstehen. Juristendeutsch und Begrifflichkeiten über die Köpfe der Menschen hinweg nach dem Motto „Friss oder stirb". Wo sich der Staat mit seinen nicht verstehbaren Regeln von den

Menschen abhebt, verliert er seine Autorität und es wächst der Wunsch nach entscheidungs- und handlungsstarken Persönlichkeiten. Gefährliche Tendenzen spüren wir ansatzweise schon bei den Wahlen in unserem Land.

Bei Neubauten, privat oder gewerblich, müssen umfangreiche Ausschreibungsvorschriften beachtet werden. Es ist so viel geregelt, dass die Umsetzung zeit- und kostenerhöhend und wenig pragmatisch ist. Die Bürgerschaft hat oft den Eindruck, dass die Fülle und die Beachtung der Regularien wichtiger sind als das konkrete Vorhaben. Selbst für Verwaltungsmitarbeiter*innen ist der Vorschriftenwust schwer überschaubar. Wenn ein Grund zur Ablehnung gefunden ist, kann der Vorgang für die Mitarbeiter*in schnell beendet sein.

Grünflächenämter oder städtische Bauhöfe kümmern sich mit hohem Aufwand an Personal und Gerätschaft um die Reinigung der kommunalen Grünflächen an Straßen und Wegen. Wenn beispielsweise von der Verwaltung das Kürzen von Pflanzen oder Sträuchern in Auftrag gegeben wird, dann wird das auch so gemacht. Brennnessel oder Distel werden ebenfalls gekürzt, aber nicht aus der Erde gezogen, wie das die Bürgerschaft in ihren eigenen Gärten machen würde. So können sie wieder wachsen, blühen und ihre Samen verbreiten. Nur was im Auftrag steht, wird auch gemacht. Egal, ob ausreichend oder sinnvoll. Pragmatismus und Weitsicht sehen anders aus.

Wenn nur nach Dienstanweisungen, Gesetzen und Verwaltungsvorschriften gearbeitet wird, dann bleibt der normale Menschenverstand für Pragmatismus und das machbar Notwendige auf der Strecke. Vorschriften regeln primär das Normale und Wiederkehrende. Doch das wirkliche Leben wird immer so sein, dass es nie schon im Vorfeld eindeutig und zielführend geregelt werden kann. Veränderungen auf allen Ebenen und die Berechenbarkeit im Verhalten des Individuums „Mensch" haben kein Korsett und sind Teil der gesamten Evolution auf dem Planeten Erde. Zur Fairness gehört aber, dass bei nicht geregelten Fakten der Mut zum Pragmatismus nicht nur erlaubt, sondern notwendig ist. Jeder auf seinem Platz darf bei erkennbaren Schieflagen oder Ungerechtigkeiten nicht wegschauen und schweigen. Menschen haben Talente und diese werden dringend für Anpassungsprozesse und zur Stabilisierung unseres Wohlstandes gebraucht.

Wenn Bürger*innen, ja, selbst Verwaltungsmitarbeiter Vorschriften nicht wirklich verstehen, dann ist doch etwas schiefgelaufen in unserem Land. Im Alltag empfinden Menschen in unterschiedlichen Altersschichten das Regelungsmonster als Blockade und häufig als Schwachsinn.

Der deutsche Hang, alles klein, klein zu regeln, verursacht mehr Arbeit und Kosten, Unübersichtlichkeiten und sehr häufig auch Blockaden. Wenn die Sinnhaftigkeit einer Vorschrift nicht klar und transparent ist, ziehen sich Menschen resigniert zurück oder werden zu Wutbürgern mit unterschiedlichem Protestverhalten. Begrifflichkeiten wie das „Gute-Kita--Gesetz" des Bundestages 2018 war ein vielversprechender Ansatz mit Erwartungen, die bis heute nicht erfüllt werden konnten. Es ist wie mit schön eingepackten Geschenken, die nach dem Auspacken zu Enttäuschungen führen.

Ein anderes Beispiel: 2022 verkündete die Bundesbauministerin Klara Geywitz den Bau von mindestens 400.000 neuen Wohnungen im Jahr. Diese Botschaft kam bei den Wählern an. In der Realität angekommen, wird dieses Ziel in keiner Weise erreicht. Jetzt macht sich Enttäuschung breit, weil sich die Neubaukosten durch höhere Preise und deutliche Zinskostenerhöhungen drastisch verteuert haben. Diese wichtigen Faktoren für den Neubau von Häusern waren erwartbar, zumal es in den vergangenen 50 Jahren immer Veränderungen gegeben hat. Ich selbst habe in meiner Bankpraxis mehrfach das Auf und Ab im Neubaubereich erlebt. Die maßgeblichen Parameter für eine Stärkung der Neubautätigkeit können von einer Bauministerin ohnehin nicht beeinflusst werden. Es war auch falsch zu sagen: „Wir bauen jährlich 400.000 Wohnungen." Die Entscheidung liegt bei den Bürgern und Bürgerinnen, Finanzierungen werden mit den Banken vereinbart und gebaut werden die Häuser und Wohnungen von den Handwerksunternehmen.

Unsere kommunalen Verwaltungsbehörden und die verschiedenen Ministerien in den Ländern und im Bund blähen sich personalmäßig von Jahr zu Jahr weiter auf. Politisch begründet wird mehr Personal immer mit zusätzlichen Aufgaben. Bürger*innen sehen die wachsenden Personalaufstockungen eher als Ursache für mehr Bürokratie. Größe und mehr Personal sind kein Garant für mehr Leistung. Richtig ist, dass neue Aufgaben auch personell bearbeitet werden müssen. Effizienzsteigerungen wie Vereinfachung der Arbeitsabläufe mit flachen Entscheidungszuständigkeiten und eine konsequente Digitalisierung sind wichtige Bausteine für die Erhaltung unseres Wohlstandes. Ein Weiter so wird immer mehr Wähler*innen aus Protest zu Nichtwähler*innen machen oder den politisch linken und rechten Rand stärken. Eine gefährliche Entwicklung, deren Motiv in den Handlungsdefiziten der regierenden Parteien liegt.

Männer und Frauen in der Bundes- oder Landespolitik sind mit einer Fülle und Vielfalt an Informations- und Beschlussvorlagen beschäftigt. Dann die vielen Sitzungstermine und Bürgertreffen. Zudem die Termine innerhalb der eigenen Partei. Ein anspruchsvoller Job mit großen Herausforderungen. Die Kontakte zu den Medien wie Zeitungen und Fernsehen sind wichtig, zumal wir in einer medialen Demokratie leben. Präsenz in Talkshows und Nachrichtensendungen und auf alle Fragen eine passende Antwort. Kritische Fragen von Journalisten*innen gehören zu deren Job. Die mediale Welt sucht und fragt besonders gern nach Streitigkeiten oder Widersprüchen zu früheren Aussagen. Es steckt wohl in uns Menschen, primär auf das Negative zu schauen und danach zu bohren. In manchen Interviews erlebe ich die Fragesteller*innen jedoch als sehr bedrängend und unfair, wenn immer wieder nachgehakt wird, obwohl Dinge politisch weder parteiintern diskutiert noch entschieden sind. Ziel solcher Fragestellungen sind Aussagen, die man später als falsch oder widersprüchlich journalistisch verwerten kann. Aussagen wie „Da sind wir noch in der Beratungsphase" sollten akzeptiert werden. Gute und verlässliche Botschaften brauchen auch bei Politiker*innen Zeit zum Reifen. Würden mehr Menschen danach leben, dann wäre so mancher Streit überflüssig. Geduld und Respekt sind gute Verhaltensweisen im Sinne der Sachlichkeit und Nachhaltigkeit.

Jeder Mensch wünscht sich einen respekt- und rücksichtsvollen Umgang mit anderen. Doch die aktuellen Entwicklungen zeigen eher in Richtung Egoismus und Respektlosigkeit bis hin zur Brutalität mit Schlägereien, Messerstichen, mit Fußtritten und Ähnlichem. Auch die sozialen Medien scheinen keine Grenzen zu kennen und posten offen persönliche Dinge und selbst Gewalttaten. Eine bedrohliche Entwicklung für das friedvolle Zusammenleben. Politik, Polizei und Justiz sind enorm gefordert, Menschen in unserem Rechtsstaat zu schützen. Die Ursachen für steigende Brutalität und Aggressivität sowie die Respektlosigkeit sogar gegenüber Ordnungs- und Dienstkräften unseres Staates sind offensichtlich eine Folge der scheinbar grenzenlosen Freiheit in unserem Land. Die früheren Verhaltensgrenzen mit Achtsamkeit und Respekt haben sich schon zu beachtlichen Teilen verflüchtigt. Unsere staatlichen Korrektive – Regeln, Kontrolle und spürbaren Maßnahmen – werden als schwach und wenig eingrenzend wahrgenommen. Wo Polizei nicht mehr zu Fuß in der Stadt unterwegs ist, da brauchen wir ersatzweise Videokameras. Wer nicht hinschaut, darf sich später nicht darüber wundern, was passiert ist. Das gilt auch für jeden Menschen auf der Straße und in öffentlichen Räumen. Ein Fairplay im Zusammenleben von Menschen braucht Achtsamkeit und offene Augen, Benennung von Fehlverhalten statt Schweigen und Unterstützung für Menschen in Not.

All das ist auch die Messlatte für alle staatlichen Institutionen mit ihren Frauen und Männern im Dienst für die Bürger und Bürgerinnen.

DER MENSCH ALS INDIVIDUUM UND ZUGLEICH TEIL DER SOLIDARISCHEN GEMEINSCHAFTEN

Kein Mensch lebt dauerhaft einsam und allein. Wir alle brauchen das Miteinander im „Du" und zugleich stören wir nahezu täglich irgendwie die Harmonie, die wir mehr oder weniger so ersehnen. Alle möchten geliebt und mit Achtsamkeit behandelt werden. Unsere Bedürfnisse oder Wünsche sind vielfältig und individuell sehr verschieden. Erfüllung wird erwartet. Wenn nicht, steigern wir uns emotional von Enttäuschung oder stillem Schmollen bis hin zu Protest und Streitigkeiten. Unsere Gefühlslage schwankt von himmelhochjauchzend bis Wut und Aggression.

Eltern mit Kindern, als Vater oder Mutter alleinerziehend oder in Patchworkfamilien und Lebenspartnerschaften, sehnen sich nach einem guten und verlässlichen Zusammenleben. Alle wünschen sich Aufmerksamkeit, Ehrlichkeit und Gemeinschaft. Es ist unser Urbedürfnis nach Liebe in unterschiedlichen Facetten. Reden und Hören sind die Brücken im Miteinander. Zwischen Tür und Angel zu unpassender Zeit reden wir ins Leere, weil bei fehlender Aufmerksamkeit das gesprochene Wort kein Gehör findet. Eigene Sorgen, Probleme oder Gedanken lassen die gesendeten Botschaften nicht ankommen. Wenn das „Ich" mit sich selbst beschäftigt ist, wird das „Du" nur wenig Raum finden. Gefühle wie Wut, Angst, Trauer oder auch Neid stören die ersehnte Harmonie. Mit gegenseitiger Empathie und Rücksichtsname gelingen das Hinschauen und das Brückenbauen intensiver und beglückend. Auch mitfühlende und Mut machende Worte sind Brückenbauer für das Miteinander, egal auf welchen Beziehungsebenen.

Als Bürger und Bürgerinnen nehmen wir mehr oder weniger am gesellschaftlichen Leben teil. Wir wohnen in einer

Nachbarschaft, in einer Stadt oder einem Dorf und sind zugleich ein Teil davon. Unsere Nachbarn im Mehrfamilienhaus oder in der Einfamilienhaussiedlung können wir uns nicht aussuchen. Immer begegnen uns sehr verschiedene Charaktere und Verhaltensweisen. Mal empfinden wir sie als ehrlich und sympathisch, was dem Miteinander guttut. Immer wieder begegnen uns aber auch Menschen, die in ihrer Außenwirkung nicht unseren Wünschen und Vorstellungen entsprechen. Jeder Verhaltensweise liegt ein emotionales Motiv zugrunde, dass wir meistens nicht kennen oder auch gar nicht kennen wollen. Schlechte Laune oder eine Ausrede wie „Ich habe keine Zeit" gehören bei menschlichen Begegnungen immer wieder dazu. Die individuellen Verhaltensmotive erschließen sich erst dann, wenn auch wir offene und achtsame Signale setzen. Äußerlichkeiten spielen bei uns nicht mehr die entscheidende Rolle, wie noch vor Jahrzehnten. Das wahre Wesen eines Menschen lernen wir erst in der Begegnung kennen. Das braucht Zeit und eine Grundbasis an Vertrautheit.

Auch ich habe mich früher von einem ersten äußerlichen Eindruck zur Fehleinschätzung leiten lassen. Lange Jahre fand ich Tattoos eher hässlich und abschreckend. Meiner eigenen Sichtweise folgend habe ich Menschen manches Mal völlig falsch eingeschätzt. Der erste Eindruck der bunt bemalten Haut signalisierte mir eine eher ablehnende Haltung. Der Mensch ist stets mehr, als er auf den ersten Blick ausstrahlt. Wie sagt der Kleine Prinz von Antoine de Saint-Exupéry: „Das Wesentliche ist für die Augen nicht sichtbar." Mit den Jahren habe ich bei Begegnungen mit anderen eher nach den Verhaltensmotiven geschaut. Ohne die Sichtblockade „äußerer Schein" mache ich mir zunehmend Gedanken über das Umfeld eines Menschen und welche prägenden Einflussfaktoren auf das Reden und Handeln Einfluss genommen haben könnten. Warum ist sie oder er so? Welche Situation oder Stimmung liegt zugrunde? Erziehung im Elternhaus und eigene Erlebnisse mit unterschiedlicher Nachhaltigkeit sind unterschwellig präsent. Und was lange Zeit geheim gehalten oder verdrängt wurde, taucht irgendwann plötzlich wieder auf. Die Wahrheit lässt sich nicht ewig verstecken. Da hat jede menschliche Person ihre eigene Vergangenheit. Die Volljährigkeit des Menschen beginnt heut mit 18 Jahren, doch der Reifeprozess des individuellen Menschseins endet wohl erst mit dem Tod.

In unserem Land leben inzwischen rund 84 Millionen Menschen. Der Anteil jener mit Migrationshintergrund ist bereits recht hoch. Die gesellschaftlichen Einbindungen der aufgenommenen Flüchtlinge sind eine wichtige und intensive Aufgabe unserer Gesellschaft. Bei den nach wie vor hohen Flüchtlingsströmen nach Europa und besonders in unser Land kommen Kommunen trotz erheblicher Bemühungen an ihre Grenzen. Wohnraum ist aus unterschiedlichen Gründen knapp geworden. Neubauprojekte werden wegen stark gestiegener Zinsen und Baukostenerhöhungen aus wirtschaftlichen Gründen zurückgestellt. Städte und Gemeinden kommen an Grenzen bei der Unterbringung von Kindern in Kitas und Schulen. Die für Integration wichtigen Sprachschulungen lassen sich nur begrenzt realisieren. Bisher haben unser Staat und unzählige Ehrenamtliche Enormes geleistet. Doch wichtige Aufgaben mit dem Ziel einer Integration in die Gesellschaft stehen noch an. Beispielsweise die Überwindung der bestehenden Sprachbarrieren von Eltern, die mit ihren Kindern zu Hause immer noch primär ihre Heimatsprache sprechen. Ihre Kinder in den Kitas und Schulen lernen Deutsch durch ihr Umfeld. Viele junge Leute sind nicht in den Arbeitsprozess eingebunden, weil über ihren Flüchtlingsstatus noch nicht abschließend entschieden ist. Statt auf die mögliche Rechtsklärung und gegebenenfalls Abschiebung zu warten, wäre die Erlaubnis zur Arbeit eine Win-win-Situation. Einerseits ein Beitrag zur Finanzierung des eigenen Lebens mit Steigerung des Selbstwertgefühles und andererseits eine Reduzierung des Arbeitskräftemangels. Arbeit ist genug da. Auch wenn

Arbeit allgemein oftmals als Last angesehen wird, so ist sie doch sinnstiftend und ein wichtiger Beitrag zur persönlichen Zufriedenheit. Wir Menschen brauchen Erfolgserlebnisse und die entstehen durch Arbeit oder das Engagement für andere. Etwas leisten und für andere tun erzeugt innere Stärke und fördert das Lebensglück. Das ist auch ein wichtiges Motiv für die großartigen Männer und Frauen, die sich ehrenamtlich, teils mit hohem Zeitaufwand in Vereinen oder sozialen Institutionen, für andere Menschen engagieren. Und das oftmals über viele Jahrzehnte. Ohne dieses Leistungspotential wäre unser Deutschland ein großes Stück menschlich und finanziell ärmer.

Aus nordafrikanischen Ländern sind viele Menschen auch zu uns gekommen, die jedoch unsere Kultur und Regeln nicht akzeptieren. In sogenannten Clans hat sich eine Parallelgesellschaft entwickelt, in die Männer sich machomäßig über unsere Gesetze hinwegsetzen und teils sehr kriminell ihre Macht und den Profit suchen. Offensichtlich hat sich hier eine materielle Radikalität entwickelt, die zunehmend den Frieden in unserem Land stört. Das konsequente Vorgehen in Nordrhein-Westfalen mit seinem Innenminister Herbert Reul und der Polizei zeigt inzwischen erste Erfolge. Zum Gelingen des Zusammenlebens haben wir Regeln und Gesetze. Und da es auch Menschen gibt, die sich, aus welchen Gründen auch immer, darüber hinwegsetzen, brauchen wir personell und sachlich gut ausgestattete Polizei und Gerichte. Unser Staat wird als wenig wehrhaft wahrgenommen, wenn Vergehen und Straftaten nicht zügig zu spürbaren Konsequenzen führen.

Aus Sparsamkeitsgründen ist auch der Justizbereich jahrelang unterfinanziert worden, so dass inzwischen auch hier die vom Kanzler Olaf Scholz zitierte Zeitenwende erforderlich ist. Ein Urteil und eine Strafe sind bei geringeren Vergehen für Täter*innen nur wirkungsvoll, wenn die Strafe schnell der Tat folgt. Wo das nicht geschieht, macht sich Unzufriedenheit beim Wahlvolk breit und es stärkt politisch den rechten Rand. Der Höhenflug der Partei AfD hat meines Erachtens primär mit der Unzufriedenheit der bürgerlichen Mitte zu tun, die sowohl bei der SPD als auch bei der CDU über viele Jahre ein gewisses Versagen bezüglich der Funktionserhaltung unseres Staates mit deren nachgeschalteten Behörden wahrnimmt. Bei aller Regelungswut und parteipolitischer Detailkompromisse sind vielfach der Pragmatismus und die Schnelligkeit in der Umsetzung verloren gegangen. Darunter leiden immer mehr Bürger*innen. Über unser Land und damit über viele Lebensbereiche der Menschen wurde inzwischen eine Regelungsfülle ausgebreitet, die selbst Politiker*innen und Behördenmitarbeiter*innen und noch weniger Bürger und Bürgerinnen überschauen. So mancher Fortschritt und notwendige Anpassungs- und Beschleunigungsprozesse dauern gefühlt ewig lang oder versiegen.

Politik und Behörden haben den Basisauftrag, Schaden vom Volk abzuwenden. Nach den Worten vom früheren, ermordeten US-Präsidenten J. F. Kennedy „Frag nicht, was das Land für dich tun kann. Frag dich, was du für dein Land tun kannst" sollten unsere Politiker*innen und alle staatlichen Behörden weitsichtig, mutig und zügig daran arbeiten, dass Entscheidungen wie Gesetze und Verordnungen möglichst zügig, pragmatisch und verständlich für die Menschen formuliert und gelebt werden können. Ein hoher Anspruch. Für die Weiterentwicklung unseres Landes und für die Lebensbereiche der Menschen muss der Weg in immer mehr Regelungsgestrüpp vermieden werden.

AN DEN WOHLSTAND MIT BILLIG, BILLIG HABEN WIR UNS GEWÖHNT. DIE WAHRE RECHNUNG STEHT NOCH AUS.

Die Nachkriegsgenerationen des 20. Jahrhunderts, zu der auch ich gehöre, kennen nur ein Leben mit wachsendem Wohlstand und Freiheiten. Die ersten Jahrzehnte der jungen Bundesrepublik Deutschland waren geprägt von der „Sozialen Marktwirtschaft". Das Rückgrat für die wachsende Exportnation waren die Unternehmen und Selbständige mit guten Ideen und mutigem Engagement. Die Arbeitnehmerschaft hatte noch eine Wochenarbeitszeit von über 40 Stunden. Auch die Urlaubsregelungen waren deutlich schlechter als die heutigen. Die Politik ermöglichte Fortschritt und Wachstum mit liberalen Gesetzgebungen. Arbeitnehmer unterstützten den Aufbruch unter teils sehr harten Arbeitsbedingungen. Beispielsweise unter Tage im Kohlebergbau oder bei großer Hitze an den Hochöfen der Stahlindustrie des Ruhrgebietes. Made in Germany entwickelte sich zum Exportschlager. Für das große Wirtschaftswachstum brauchte es immer mehr Arbeitnehmer, die scharenweise aus dem Süden Europas angeworben wurden. Mit Unterstützung der Gewerkschaften konnten die Arbeitnehmer nach und nach auch an dem wachsenden Wohlstand unseres Landes teilhaben. Das soziale Netz für Menschen in Krankheit, Arbeitslosigkeit oder Armut wurde nach und nach von der Politik so eng geknüpft, dass es Jahrzehnte weltweit als vorbildlich galt.

Den Ruf nach dem Staat hat es zu allen Zeiten gegeben. Die verschiedenen gesellschaftlichen Gruppen schauen primär auf ihre eigne Klientel und konfrontieren die Politiker*innen mit ihren Erwartungen und Forderungen. Interessenverbände sind als Lobbyisten in der Nähe der politischen Zentren sehr aktiv und versuchen, sich Gehör zu verschaffen. Und je besser ein persönliches Miteinander, umso größer ist die Bereitschaft zum Austausch und gegenseitigem Verständnis. Und Politiker*innen sind auch Menschen, die wiedergewählt werden wollen. Dazu braucht es nach außen Aufmerksamkeit und Sympathie. Eine gute Rhetorik ist ein starkes Pfund, um bei Wähler*innen zu punkten. Es braucht aber auch Sachkenntnisse und die Fähigkeit, komplexe Sachlagen zielführend und verständlich darzulegen. Leere Versprechungen oder unpräzise Aussagen sind hingegen nicht nachhaltig und werden früher oder später als Scheindebatte oder Herumeiern entlarvt. Die Realität ist im Leben oft schneller präsent, als wir sie uns wünschen. Bei Lügen wird sprichwörtlich von den kurzen Beinen gesprochen, weil wir vor unseren Verhaltensrealitäten nicht davonlaufen können. Die Wahrheit mag unpopulär sein oder weh tun, aber sie wird früher oder später zur Tatsache.

Weil politisch Verantwortliche auf Umfragen und Pressestimmen schauen und Angst vor der nächsten Wahl haben, werden sie immer Fördertöpfe öffnen und Steuergelder großzügig ausgeben. Es gibt immer auch gute Gründe, warum diese oder jene Gruppen mit Steuermitteln unterstützt werden müssen. Und wir Bürger sind ja generell nicht zurückhaltend bei unserem Wunschkonzert gegenüber den politischen Handelnden. Wo Steuermittel nicht ausreichen, werden Ausgaben durch Kredite finanziert. So machen wir es als private Verbraucher häufig auch.

Die stark gewachsene Globalisierung in den letzten 20 Jahren schien eine Win-win-Situation für alle Länder zu werden. Das weltweit funktionierende Internet ermöglichte Kommunikation und Information von jetzt auf gleich. Die täglichen Nachrichten und Bilder von den entferntesten Ländern und Ereignissen stehen uns über Smartphone und in den Medien rund um die Uhr live zur Verfügung. Die Verbindungswege über die Vielzahl der Satelliten im Weltall sind eine großartige Entwicklung der Menschheit. Es macht die gesamte Welt zu einem einzigen Lebensraum – aber birgt auch eine Fülle von Abhängigkeiten. Die Informationsfluten, die rund um die Uhr auf uns einströmen, können gefakt sein und Angst machen. Und da sich negative Nachrichten und Skandale schneller und häufiger verbreiten als gute, werden wir regelrecht mit Krieg, Streit und Problemen überflutet. Der Mensch als Individuum hält sich selbst für gut und gerecht. Schlecht oder böse sind immer andere. Wohl auch ein Schutzmechanismus, um das eigene Leben mit den ganz persönlichen Niederlagen oder Schwierigkeiten als positiv wahrzunehmen. Ein sorgenfreies Leben braucht Klarheiten, Sicherheiten und möglichst keine Krisen und Probleme. Doch das Leben verläuft häufig anders als gewünscht oder erwartet. Um nicht in Resignation zu versinken oder mit Wut und Gegenwehr zu reagieren, suchen wir nach einem hilfreichen Strohhalm für unsere ersehnte Zufriedenheit. Eigene Passivität zementiert die negative Stimmungslage. Wegsehen und Schweigen sind zwar bequem, aber nicht förderlich. Doch in der Not können Menschen Großes leisten. Die Stellschraube für hoffnungsvolle Wendungen liegt in unserer inneren Sehnsucht nach Besserung. Bei Naturkatastrophen und Schicksalsschlägen oder Großunfällen vergisst der Mensch seinen Egoismus und lebt die Solidarität mit großartigen Erfolgen.

Mit dem weltweiten Handel durch Import und Export wurde eine Diversifizierung in der Produktion eingeleitet. Deutschland verfügt seit Jahrzehnten über ein gutes Know-how und ist führend bei vielen Produktentwicklungen. Aber es fehlen im eigenen Land wichtige Rohstoffe für die Herstellung von Gütern und Waren. Zudem war das Lohnniveau in asiatischen und osteuropäischen Ländern bisher erheblich niedriger. Auch geringere Anforderungen bezüglich Umweltbelastungen wie den Einsatz und die Entsorgung von gefährlichen Chemikalien machten die Produktion in Drittländern deutlich preiswerter. Unsere Importe, wie beispielsweise billige Rosen aus dem afrikanischen Kenia, die Medikamentenherstellung in

Indien oder das Nähen von Kleidungsstücken in Bangladesch und anderen Niedriglohnländern, haben es ermöglicht, dass die von uns benötigten oder gewünschten Produkte über viele Jahre tendenziell immer billiger wurden. Anderseits niedrige Entlohnung für harte Arbeit, teils auch Kinderarbeit, unfaire Arbeitsbedingungen und geringe Umweltschutzmaßnahmen zur Reinhaltung von Luft, Wasser oder Böden. Wie ein Raubtier haben wir alle die Preisvorteile genossen. Inzwischen wird deutlich, dass wir zu den weltweiten Schieflagen und Umweltbelastungen wesentlich beigetragen haben. Viele Missstände haben wir billigend in Kauf genommen, weil es ja für unseren Wohlstand förderlich war.

Für den Textilbereich kommt hinzu, dass unter Aspekten der saisonal wechselnden Modetrends Kleidungsstücke nicht länger getragen werden. Kleidung wurde früher primär zum Wärmen angezogen. Heute geht es mehr um ein modernes und schickes Outfit. Es sind die saisonalen Modetrends, die einerseits für Umsatz und anderseits für massenhafte Textilvernichtungen führen. In meinem Kleiderschrank befinden sich Hemden, Hosen und Pullover, die noch gut erhalten sind und auch nach vielen Jahren von mir noch getragen werden. Da mir persönlich viele Modefarben nicht gefallen, brauche ich sie auch nicht kaufen. Mir könnte einerseits vorgeworfen werden, ich sei nicht modisch, aber das interessiert mich nicht. Entscheidend ist, dass ich mich mit dem, was ich trage, wohlfühle.

Nicht verkaufte Textilwaren werden zum Schluss der jeweiligen Saison mit hohen Rabatten regelrecht verramscht oder LKW-weise zur Vernichtung in Müllverbrennungsanlagen gebracht. Eine riesige Vernichtung von natürlichen Ressourcen und eine Respektlosigkeit gegenüber der anstrengenden Arbeit der Näherinnen und Nähern unter teils sehr harten Arbeitsbedingungen in den Textilfabriken. Wenn ein T-Shirt für 1,95 Euro im Handel angeboten wird oder eine Damenhose für neun Euro, dann ist das weder nachhaltig noch fair.

Bei den Kalkulationen für die Auszeichnung des Verkaufspreises im Textilbereich haben die Produktionskosten wohl den geringsten Anteil. Für Transport, für Werbung und Marketing sowie als Marge für den Handel wird berechnet, was gebraucht wird. In der langen Lieferkette von der Herstellung bis zum Verkauf im Laden oder Onlineshop haben die Arbeiterinnen und Arbeiter beispielsweise in Kenia, Bangladesch oder anderen Niedriglohnländern kaum eine Lobby für faire Arbeit. Lange Zeit haben wir nicht danach gefragt, ob die Arbeiter*innen in fernen Ländern einen gerechten Lohn bekommen und ob ihre Arbeitsbedingungen menschenwürdig sind. Auch die Einhaltung von Umweltschutzmaßnahmen war uns nicht so wichtig wie ein niedriger Preis. Billig, billig war der Trend und wir haben alle irgendwie mitgemacht. Das Lieferkettengesetz der Bundesregierung soll ab 2023 verstärkt die importierende Handelskette in die Mitverantwortung nehmen. Ein wichtiger Anfang auf dem Weg zu mehr Menschenwürde, Nachhaltigkeit und Klimaschutz. Gesetzliche Regelungen sorgen aber nur für Veränderungen, wenn sie konsequent kontrolliert und eingehalten werden. Am Ende der Lieferkette sind wir als Käufer und Verbraucher in der Pflicht, uns nicht auf Kosten anderer Menschen und der Umwelt Wohlstand mit billigen Produkten zu gönnen. Ich selbst nehme gern bei regelmäßigen Besuchen in einem Bistro den zehnten Kaffee über mein Rabattkärtchen kostenlos entgegen. Andererseits gebe ich gern zusätzlich hin und wieder etwas in das Sparschwein für das Bedienungspersonal. Fairplay tut jedem gut.

Als Kreditberater hatte ich häufig auch mit gewerblichen Unternehmen zu tun. In den jährlichen Bilanzbesprechungen wurden häufig Aufwands- und Ertragspositionen mit dem Ziel einer verbesserten Gewinnsituation beleuchtet. Ein Unternehmen braucht Gewinne, um wirtschaftlich zukunftsfähig zu bleiben. Gewinne sind Lohn für den Unternehmer, der auch Verantwortung für Mitarbeiter*innen und seine eigene Familie trägt. Um den Gewinn auf eine notwendige Höhe zu steigern, gibt es zwei Möglichkeiten. Entweder eine Erhöhung der Preise für die verkauften Produkte beziehungsweise für die erbrachten Dienstleistungen. Oder bei den Kosten des Unternehmens sparen. Da die Personalkosten in der Summe häufig eine hohe Kostenposition ausmachen, sind Unternehmer auch geneigt, hier mögliche Einsparungen zu nutzen. Durch den Arbeitskräftemangel wendet sich derzeit das Blatt und faire Mitarbeiterbezahlung erfährt Auftrieb. Ergänzend zeigen sich Arbeitgeber bei Sonderzahlungen oder flexiblen Arbeitszeiten entgegenkommend. Die Ressource Mensch und die Work-Life-Balance wird zunehmend in den Fokus genommen.

Viele Preise haben sich in jüngster Zeit massiv erhöht. Eine Erhöhung der Verkaufspreise ist immer auch eine Frage des Marktes und hängt somit von Angebot und Nachfrage ab. Wenn die Nachfrage nach einem Produkt oder einer Dienstleistung größer ist als das Angebot, dann kann eine Preissteigerung gut realisiert werden. Der sprunghafte Preisanstieg für Benzin zu Beginn des Überfallkrieges durch Russland in der Ukraine mit der befürchteten Ölverknappung ließ die Preise an den Tankstellen regelrecht explodieren. Auch die Regale für Raps- und Sonnenblumenöl in den Lebensmittelgeschäften leerten sich. Was zeitweise durch Hamsterkäufe verursacht wurde. Angst und Panikverhalten der Menschen beeinflussen somit auch immer ihr Kaufverhalten.

Für einen auskömmlichen und fairen Gewinn wird häufig auch die Ausgabenseite genutzt. In Großbetrieben wie beispielsweise in der Fleischindustrie oder dem Schiffsbau werden tarifvertraglich entlohnte Arbeitnehmer teilweise durch Leiharbeiter mit geringeren Löhnen aus Osteuropa ersetzt. Zur weiteren Kostenoptimierung wird das Anstellungsverhältnis auf ein Subunternehmen verlagert. Statt tariflicher Löhne wird eine Dienstleistung bezahlt. Für den fairen Umgang mit den Arbeitnehmern sind dann Subunternehmer, teils mit Sitz außerhalb Deutschlands, zuständig. Menschenwürdige Arbeitsbedingungen und eine faire Entlohnung sind auch in Deutschland nicht überall selbstverständlich. Alles Nebenwirkungen einer gesellschaftlichen Entwicklung, die sich an niedrige Preissteigerungsraten über viele Jahre gewöhnt hat.

Ein weiterer Baustein für günstige Preise sind die veränderten Produktionsabläufe. Ein Produkt besteht aus vielen Einzelteilen, die jeweils in großen Massen zu niedrigen Stückpreisen weltweit hergestellt und dann zu einem modernen Produkt zusammengebaut werden. Die künstliche Intelligenz in Robotern und Maschinen ist bereits intensiv im Einsatz. Ein Roboter bekommt keinen Urlaub und wird auch nicht krank. Das reduziert ebenfalls die Herstellungskosten und damit letztlich den Endpreis der Produkte.

Durch die Globalisierung unserer Welt ist auch ein Wettlauf um die wirtschaftliche Macht entstanden. Alle wollen exportieren und daran gut verdienen. Durch die weltweit organisierten Lieferketten ist eine Abhängigkeit entstanden, die für unsere Versorgung und unseren Wohlstand Risiken beinhaltet. Wenn beispielsweise in China durch den starken Staat machtvoll die eigenen Interessen durchgesetzt werden, wachsen auch die Ängste und Risiken. So kam es in jüngster Zeit auch zu erheblichen Störungen mit der Folge, dass in Deutschland dringend gebrauchte Produktionsanteile erst mit Verzögerungen verfügbar waren. Politische und wirtschaftliche Machtspiele können auch künftig nicht ausgeschlossen werden. Die Zeit für „billig, billig" dürfte zu Ende gehen, weil die Niedrigpreispotentiale erschöpft sind und aus Sicherheitsgründen wieder mehr für Bevorratung und Fairness bezahlt werden muss. Die Produktion „just in time" hat ihren Zenit überschritten. Aus Sicherheitsgründen sind nachhaltige Planungen für viele Bereiche unseres Lebens unverzichtbar. Insofern auch hier eine Zeitenwende für mehr Verlässlichkeit und Fairness für den Umgang mit Menschen und Natur.

JEDER IST SEINES GLÜCKES SCHMIED. HEUTE NOCH EIN STIMMIGES SPRICHWORT?

In Sprichwörtern kommen Erfahrungen zum Ausdruck, die Menschen über viele Jahre gesammelt haben. Durch die Sprache im Alltag wurden sie über Generationen lebendig erhalten. Glückserlebnisse, mehr oder weniger, haben alle Menschen und in allen Generationen. Das Wort „Schmied" ist heutzutage zunehmend erläuterungsbedürftig. Ich selbst habe in meiner Jugend in unserem Dorf noch eine Schmiede erlebt, in der mit Feuerschwall hartes Eisen glühend und bearbeitungsfähig gemacht wurde. Auf dem Amboss konnte dann das glühende Metall beispielsweise für Pferdehufeisen geformt werden. Aufgabe eines Schmieds war es, etwas Sinnvolles oder Notwendiges durch Handarbeit zu formen. Nach den Lebenserfahrungen früherer Generationen kann das eigene, persönliche Glück vom Menschen selbst nicht unwesentlich geschmiedet werden. Menschen verfügen über vielfache Ideen, Fähigkeiten und Kräfte. Dem Sprichwort nach sollen Menschen diese für ihr Leben und für ihr Glück nicht vergraben, sondern tatkräftig nutzen.

Ein hoher Lottogewinn ist mit einem hohen Glücksgefühl verbunden. Sechs richtige Zahlen zu tippen, gelingt nicht jedem und ist reiner Zufall. Doch ein solch großartiges Gefühl hat meistens keine Nachhaltigkeit. Denn sehr schnell gewöhnen wir Menschen uns an das Gewonnene, das Erreichte oder Gekaufte. Glücksmomente lassen sich nicht festhalten, denn sie verfliegen mit der Gewohnheit. Das Glück des Menschen lässt sich nicht über Besitz und Wohlstand definieren. Im Vordergrund erleben wir den Moment des Kaufes und des Erfolges als wohltuend und zufriedenstellend. Doch schnell schaut unsere Begierde nach weiteren oder anderen

Glückselementen, die sich aber nicht von uns selbst bestimmen lassen. Kleine Kinder werden gern von Onkel und Tante, Oma und Opa zum Geburtstag oder zu Weihnachten mit Geschenken überhäuft. Schon beim Auspacken springt die Freude schnell auf die nächste Geschenküberraschung. Und die zuerst ausgepackten Dinge verlieren die Aufmerksamkeit. Kinder werden heute regelrecht mit Geschenken überfordert. Freude und Aufmerksamkeit sind schnell verflogen. Wir Erwachsene reagieren ähnlich, wenn Sonderangebote oder emotional ansprechende Werbebilder und verlockende Versprechungen uns zum Kauf animieren.

Auch der schönste Tag im Leben von zwei liebenden Menschen, der Hochzeitstag, ist nur ein Momenterlebnis mit schönen Erinnerungen und Fotos und keine Garantie für nachhaltiges Beziehungsglück. Menschen sind immer emotional und generell mit Stärken und Schwächen auf ihrem Lebensweg unterwegs. Euphorie und Spontanität einerseits und Enttäuschung und Zurückhaltung andererseits. Wechselbäder der Gefühle sind Teil unserer Menschlichkeit. Wir sind keine Maschine, die permanent funktioniert.

Als ich im Januar 2023 eine Krebserkrankung der Prostata bestätigt bekam, war ich relativ gelassen und hatte Vertrauen in die heutigen OP-Techniken. Doch dann stellte sich heraus, dass ein größeres Hämatom den OP-Erfolg störte. Eine zweite OP mit erneutem Klinikaufenthalt wurde erforderlich. Erst nach drei Monaten fühlte ich mich körperlich wieder stabil. Rückblickend ist mir bewusst geworden, dass es mir körperlich wirklich nicht gut ging. Appetitlosigkeit und hohe Gewichtsabnahme waren real. Doch mental fühlte ich mich nie resigniert oder ängstlich. Die mir innewohnende Zuversicht und das Vertrauen auf Gesundung haben mich durch das Tal der Krankheit getragen. In der anschließenden Reha ging es Tag für Tag immer besser. Bei einem Gottesdienstbesuch in der Nähe der Rehaklinik wurden Osterlieder gesungen, die ich textlich kannte und die ich mit großer Freude mitsang.

Das hat mich emotional so beflügelt, so dass ich nach der Reha sagte: „Ich bin wieder da und ganz der Alte."

Seit meiner Jugend war ich ehrenamtlich in verschiedenen Vereinen, in der Kirche und auch in der Kommunalpolitik tätig. Viele Gespräche, mal mit traurigem Anlass wie beim Tod eines Menschen und häufig mit freudigem Anlass wie Hochzeiten oder die Taufe eines Kindes, haben auch mich reifen lassen und mein Hinschauen gestärkt auf das wirklich Wichtige, die emotionalen Höhen und Tiefen des Menschseins. Auch in meinem Beruf als Kreditberater in der Bank galt mein Blick neben den materiellen Zahlen immer auch dem Kunden als Menschen. Meine ursprüngliche Welt der Zahlen und materiellen Dingen weitete sich immer stärker auf die mir begegnenden Menschen und ihren individuellen Mentalitäten aus. Das öffnete mir die Augen für deren grundliegende Verhaltensmotive, die im Fühlen und Denken ihre Quelle haben. Warum der eine Mensch empathisch und offen und der andere verschlossen und misstrauisch nach außen sich zeigt, ist Teil seiner Persönlichkeit, die sehr stark auch durch Erfahrungen seit der Kindheit geprägt ist.

Ich selbst bin in meiner Kindheit ein etwas pummeliger Junge gewesen, der auf einem Bauernhof zwar mit Geschwistern, aber nie in einem Kindergarten Erfahrung sammeln konnte. Im Grundschulalter wurde ich wegen meiner Zurückhaltung in den Schulpausen von zwei Jungen einer höheren Klasse häufiger zu Boden geworfen. Mit dem Rücken auf dem Boden und die Hände links und rechts festgehalten. Ich hatte körperlich und auch mental nicht die Kraft, um zu schreien oder mich aus dieser Ohnmacht zu befreien. Mit dem Klingeln zum Pausenende war ich auch aus meiner Erniedrigung erlöst. In den 50er-Jahren des 20. Jahrhunderts gab es noch keine Sensibilität für Mobbing. Rückblickend habe ich mich damals auch nicht groß gewehrt und nicht beim Lehrer beschwert. Auch dafür war ich wohl zu schüchtern. Heute, nach Jahrzehnten, sehe ich meine damaligen Ohnmachtserlebnisse als Motiv für meine über

Jahre gewachsene mentale Stärke. Seit meiner pubertären Jugendzeit habe ich mich immer darum bemüht, möglichst in keine Abhängigkeit von anderen zu geraten. Konkret stärkte ich das Beobachten von Situationen und das Planen für eigene Entscheidungen und Handlungen. Ich wollte vorbereitet sein und Enttäuschungen vermeiden. Letzteres durch das Erkennen des Machbaren, aber auch möglicher Risiken. Wo ich Chancen und Risiken abwäge, bin ich für die Realität gestärkt und kann akzeptieren, wenn es mal für mich nicht so gut läuft. Ja, da gibt es schon mal nachts Gedanken, die hin und her pendeln und vor dem Aufstehen eine klare Entscheidung bringen. Ein Fahrplan für das weitere Vorgehen oder ein Akzeptieren, weil es eben so ist, wie es ist. Loslassen ist auch eine wichtige Befreiung. Loslassen ist im Leben eine der schwierigsten Entscheidungen, die ein Mensch selbst treffen kann oder muss. Und gibt es einmal mehrere Möglichkeiten, wird der Mutige Prioritäten setzen und einfach handeln. Manchmal ist das Ausprobieren ein guter Weg.

Wer weitsichtig und ehrlich agiert und zudem empathisch seinen Mitmenschen begegnet, der reduziert Streitpotenzial und wird als authentisch wahrgenommen. Ehrlich währt am längsten. So ein bekanntes Sprichwort.

In der heutigen Arbeitswelt wird zunehmend von der Work-Life-Balance gesprochen. Mit dem Arbeiten soll und muss der persönliche Lebensstil finanziert werden. Das ist für viele jüngere Arbeitnehmer*innen heute ein gleichwertiges Ziel neben dem Bedürfnis nach Zeit für Hobbys, Familie oder Urlaube. Ein berechtigter Wunsch, der jedoch materiell für beide Seiten, Arbeitgeber*innen und Arbeitnehmer*innen, perspektivisch auch finanzierbar sein muss. Der Preis für Arbeit setzt sich zusammen aus den Bruttolöhnen, den Arbeitgeberanteilen für die Sozialversicherungen, den Arbeitsplatzkosten und ganz wesentlich auch Arbeitsleistung in Stunden. In Branchen, wo es wirtschaftlich boomt und gute Preise für Leistungen oder Produkte erzielt werden, lassen sich auch höhere

Arbeitskosten verkraften. So ist es aber nicht in allen Branchen und auch nicht für alle Zeiten. Angesichts der weltweiten Verflechtungen auf dem Gebiet Produktion und Handel ist Deutschland keine Oase, in der großzügig die Arbeitsentgelte erhöht und Arbeitszeiten reduziert werden können. In Anbetracht der fehlenden Arbeitskräfte in Deutschland sind Unternehmen gezwungen, gute Löhne und faire Arbeitsbedingungen zu bieten. Die Wettbewerbsfähigkeit und die Existenz der deutschen Wirtschaft dürfen wir jedoch nicht gefährden. Denn daran hängt wesentlich auch unser Wohlstand.

Arbeit kann schwer und unangenehm sein. Arbeit ist förderlich für die Selbstverwirklichung und zur Finanzierung des eigenen Lebens mit den jeweiligen Wünschen. Etwas tun für andere oder zur Herstellung einer Leistung ist eine Selbstbestätigung und ein Baustein für Zufriedenheit. Ich werde gebraucht. Ich habe nette Kollegen*innen. Es tut gut, wenn ich etwas erledigt habe. Jeder Sportler strengt sich im Training schwitzend an und freut sich über das Erreichen des Ziels. Erfolg im Leben macht zufrieden und fördert das Glücklichsein. Von nichts kommt nichts.

In Deutschland engagieren sich Millionen Männer und Frauen ehrenamtlich in den verschiedenen Vereinen und sozialen Einrichtungen. Sie tun es, weil sie einen Sinn darin sehen, etwas für andere zu leisten. Und sie spüren durch ihr Tun Gemeinschaft und das Gefühl „Ich tue etwas Gutes". Ohne diese unbezahlbaren Leistungen wäre unser Land in vielerlei Hinsicht menschlich ärmer. Ein hohes unverzichtbares Potenzial, dem Anerkennung und Förderung gebührt.

Ich kann morgens mit schlechter oder froher Laune aufstehen. Über das jeweilige Wetter kann ich schimpfen oder sagen: „Morgen scheint wieder die Sonne." Jede Person selbst prägt und formuliert ihre Gedanken und Worte. Ob etwas als schlecht oder gut zu betrachten ist, hängt von der Sichtweise und der inneren Haltung ab. Pessimisten ärgern sich häufiger als Optimisten. Optimisten haben mehr Glückserlebnisse.

POLITIK IM MAINSTREAM DER BÜRGERLICHEN MEINUNG. VERÄNDERUNGEN BRAUCHEN MUT UND TRANSPARENZ

Auch Deutschland ist gesellschaftlich kein Paradies und in vielen Bereichen verbesserungsbedürftig. Ein Teil unserer Gesellschaft lebt im materiellen Überfluss und gehört zur Klientel, die sich alles und im Überfluss leisten kann. Unterhalb der bürgerlichen Mitte macht sich seit Jahren eine wachsende Armut breit. Und das sowohl im Einkommensbereich als auch vermögensmäßig. Im Vergleich zu südeuropäischen Ländern ist die Eigentumsquote für selbstgenutzte Wohnungen und Häuser in Deutschland deutlich niedriger. Ein Großteil der Bevölkerung lebt in Mietwohnungen, was teils auch durch die enormen Zuwanderungen seit Beginn der Industrialisierung im 19. Jahrhundert bedingt ist.

Die immer wieder genannten Privatvermögen in Billionenhöhe als Bankguthaben, Lebensversicherungen oder Wertpapieren befinden sich zu hohen Anteilen im Besitz einer reichen Klientel. Der Mittelstand, die bürgerliche Mitte, war in den letzten Jahrzehnten ein recht stabiler Block für unsere Demokratie. Die obere Bürgerschicht ist mit Reichtum aus Firmenbesitz, hohen Einkommen und Aktien- und Immobilienvermögen gut betucht und wenig inflations- und wohlstandsgefährdet. Die Politik hat dieser Bürgerklientel über Jahrzehnte ihren Reichtum wachsen lassen. Reichtum, der in Form von Fabrikgebäuden oder Firmenwerte gehalten wird, ist aber auch ein Stabilitätselement für Arbeitsplätze und unser exportabhängiges Wirtschaftssystem. Eine Vermögenssteuer für rein private Reichtümer gibt es wegen der schwierigen Vermögensbewertungen bis heute nicht. Hohe Einkommen werden zwar über die Progression der Einkommenssteuer stärker versteuert. Doch Abschreibungsmodelle, die es über Jahre immer wieder gegeben hat, reduzieren den steuerlichen Beitrag der Reichen für unsere Gesellschaft. Nach dem Motto des Volksmunds „Der Teufel scheißt immer auf den größten Haufen". Wer regelmäßig erheblich mehr als die Kosten für Miete und Lebensunterhalt verdient, der kann stärker am Wohlstand partizipieren und hat die Möglichkeit, Rücklagen und Vermögenswerte aufzubauen.

Die letzten Jahre haben tendenziell die bürgerliche Mitte quotenmäßig schrumpfen lassen. Einige haben es zu einem Aufstieg in die obere Bürgerklasse geschafft. Doch viele andere sind einkommens- und vermögensmäßig in die untere Bürgerschicht abgestiegen. Die Gründe dafür müssen differenziert gesehen werden. Die sogenannten Hartz-IV-Reformen unter der Kanzlerschaft von Gerhard Schröder haben hier zumindest mitgewirkt. Da hieß es „Fördern und Fordern". Bei der Förderung für den Wiedereinstieg in die Arbeitswelt gibt es gute Ansätze. Obwohl wir mehrere Hunderttausend offene Stellen haben, sind immer noch mehr als zwei Millionen Menschen arbeitslos. Über Jahrzehnte haben sich hier Männer und Frauen, ja, ganze Familien auf ein Leben ohne regelmäßige Arbeit in teils prekären Lebensverhältnissen eingerichtet. Gesundheitliche Handicaps und resignative Verhaltensweisen sind oft die Gründe.

Zur ganzen Wahrheit über Reichtum in diesem Land gehören aber auch die inzwischen auf rund 2,5 Billionen Euro angewachsenen Staatsschulden und die gewaltigen nicht kapitalgedeckten Ruhestandsverpflichtungen für Beamt*innen und Rentner*innen. Quasi eine offene Wunde, die dringend behandelt werden muss. Ein Herumlamentieren oder Verdrängen aus Angst vor unpopulären Entscheidungen seitens der Politiker ist weder fair noch für die jüngeren Generationen zumutbar. Schon zu Zeiten von Arbeitsminister Norbert Blüm – 1982 bis 1998 – wurde plakativ behauptet: „Die Rente ist sicher." Unser Rentensystem ist ein Generationenvertrag, in dem die arbeitenden Frauen und Männer im Wesentlichen für die Menschen in Rente ihre Beiträge als Lohnabzug zahlen. Dieser Grundsatz funktioniert seit Jahren nicht mehr vollständig. Jahr für Jahr werden inzwischen über den Bundeshaushalt mehr als 100 Milliarden Euro aus Steuermitteln oder aus Schuldenaufnahme zugezahlt. Diese Deckungslücke wird in den nächsten Jahren mit Eintritt der sogenannten Babyboomer in das Rentenalter erheblich steigen. Nach dem sprichwörtlichen Adam Riese ist es logisch, dass bei einer gestiegenen Lebenserwartung entweder das Renteneintrittsalter oder die Vorsorge beziehungsweise Kapitalbildung für die Alterssicherung aus privaten und steuerlichen Mittel drastisch erhöht wird. Eine weitere Absenkung der prozentualen Rentenhöhe ist nicht vertretbar, da sie viele weitere Rentenbezieher*innen in die ergänzende Sozialhilfe bringt. Das Thema Rente wird von Politiker*innen, egal welcher Partei, gerne verdrängt. Faktisch gibt es perspektivisch keine erfreulichen Lösungen, um damit bei Wähler*innen zu punkten. Die Realität kommt früher oder später dann mit einem Aufschrei und bringt einen weiteren Vertrauensverlust in unsere Politiker. Verdrängte Aufgaben entwickeln sich eher wie eine Lawine, die mit der Zeit immer massiver wird.

Die grundgesetzlich festgelegte Schuldenbremse ist hinsichtlich der Generationengerechtigkeit und Nachhaltigkeit sinnvoll und notwendig. Ein „Weiter so" oder „Nach mir die Sintflut" verstärkt gewöhnlich die Probleme. Politiker*innen sind wie die meisten Menschen zögerlich, wenn etwas Unpopuläres oder Belastendes zugemutet werden muss. Gute Botschaften werden schnell und mit Freude verbreitet. Deshalb sind wohlwollende Signale und Äußerungen im Wahlkampf immer ein Werben um Aufmerksamkeit und Zustimmung auf dem Wahlzettel. Positives wird gern gehört und hebt die Stimmung. Zumindest für einen bestimmten Moment. Politiker*innen sind förmlich einem Spagat ausgesetzt zwischen den individuellen Interessen und Wünschen der Wähler*innen und der gesamtgesellschaftlichen und nachhaltigen

Verantwortung. Für Entscheidungen und Gesetzgebungen bedarf es einer parlamentarischen Mehrheit, die sich in der Regel erst durch die Bildung von Koalitionen oder über parteiübergreifende Abstimmungen ergeben. Unsere parlamentarische Demokratie lebt von Diskussionen, Meinungsaustausch und letztlich vom Konsens. Das braucht Zeit und bei aller Meinungsvielfalt und Teilaspekten verliert die Bevölkerung schnell den Überblick und vermisst die Klarheit sowie das aktive Anpacken dringender Angelegenheiten. Wenn wichtige und notwendige Entscheidungen auf der Streitbühne zu Blockaden oder zu faulen Kompromissen führen, dann wächst die Unzufriedenheit der Bürger*innen.

Es gibt immer gute Gründe, warum hierfür und nicht dafür Geld ausgegeben werden muss und warum auch eine weitere Schuldenaufnahme vertretbar ist. Das 100-Milliarden-Paket für die Modernisierung unserer Bundeswehr wurde im April 2022 mit breiter Mehrheit im Bundestag beschlossen. Eine Neuverschuldung von schlagartig 100 Milliarden Euro wird als Sondervermögen bezeichnet. Das klingt positiv, ist aber ein Deckmäntelchen für eine gewaltige Neuverschuldung auf einen Schlag. In der Sache, aber notwendig für die Modernisierung und Ertüchtigung der Bundeswehr. Quasi eine Wiedergutmachung für jahrelange Versäumnisse und Kaputtsparen.

Politische Entscheidungen werden immer individuell von Menschen bewertet. Politik soll transparent und fair gestaltet werden. Aus parteitaktischen Gründen werden Sachverhalte unterschiedlich fokussiert und öffentlich in Szene gesetzt. Um die Staatsverschuldung nicht zu stark anwachsen zu lassen, wurde beispielsweise vor Jahren die Finanzierung von Autobahnneubauten oder Grunderneuerungen über „PPP – Public-private-Partnership" mit inzwischen sehr hohen Milliardenbeträgen außerhalb der Schuldenbilanz des Bundes finanziert. Statt Zinsen für ein Darlehen zu bezahlen, werden Einnahmen aus der Autobahnmaut an private Kostenträger weitergeleitet. Auch so manche politisch veranlassten Förderprogramme werden außerhalb des Bundeshaushaltes über die staatliche Kreditanstalt für Wiederaufbau finanziert. Dafür mag es gute Gründe geben. Doch die Transparenz leidet darunter, wenn über Umwege die Staatsverschuldung indirekt erhöht wird. Eine inzwischen von allen Parteien praktizierte Intransparenz.

Die gewaltigen Zinskosteneinsparungen in den staatlichen Haushalten durch die Niedrig- beziehungsweise Nullzins-Periode in den letzten zwölf Jahren wurden durch Mehrausgaben Jahr für Jahr anderweitig verbraucht. In der Summe sind das sicherlich mehrere Hundert Milliarden Euro, die über Mehrausgaben in diversen Budgets verbraucht wurden. Die Niedrigzinsphase war und ist derzeit noch für die staatlichen Institutionen ein gewaltiger Ausgabenvorteil, der aber perspektivisch beendet sein wird. Seit Anfang 2022 gibt es eine Zeitenwende auch für die Zinskosten unseres Staates. So werden aus Zinserträgen für die Aufnahme von Staatskrediten wieder Zinskosten, die im Bundeshalt vor der Niedrigzinsphase jährlich mehr als 30 Milliarden Euro betrugen. Die deutlich gestiegenen Zinsen werden in den folgenden Jahren sukzessive entweder zu einer Neuverschuldung oder zu drastischer Ausgabenkürzung führen. Eine Trendwende, die von den Politikern schwierige Entscheidungen abverlangen wird. Geld verteilen ist populär. Steuererhöhungen und Ausgabenkürzungen für viele in unserem Land möchte niemand. Politisch begründete Wohltaten werden künftig wieder stärker unter dem Aspekt der Finanzierung diskutiert und zu Reibungen führen. Wünsche, auch begründbare, wird es immer geben. In Verantwortung für unseren Lebensraum Erde und wegen des fehlenden Goldesels scheint in der Gesamtsicht unser Land sich auf deutliche Wohlstandsveränderungen einrichten müssen. Der soziale Friede und der Zusammenhalt unserer Gesellschaft werden temporär auch solidarische Abstriche erfordern.

Bereits vor Beginn des Krieges durch Russland mit Einmarsch in die Ukraine am 24. Februar 2022 gab es in unserem Land etliche Preiserhöhungen. Die mehrjährige Preisstabilität und die vielen Rabatte und Billigpreise sind jetzt zu Ende. Die Inflation mit maßvollen Preissteigerungen von um 2 % jährlich, wie sie von der EZB über Jahre angestrebt wurde, tendiert seit 2021 deutlich nach oben. Gestiegene Inflationsraten für Menschen mit geringen Einkünften sind immer ein Problem, wenn niedrige Renten, Arbeitslosengeld oder Bürgergeld nicht mehr das Existenzminimum der Menschen sichern. Hier sind die Politik und eine solidarische Bürgerschaft in der Pflicht.

Der Ruf nach dem Staat, mit Einmalzahlungen und Pauschalen die gestiegenen Lebenshaltungskosten abzufedern, ist in Krisenzeiten immer besonders laut. Unser Sozialstaat basiert auf dem Zusammenhalt der Gesellschaft und eine subsidiäre Unterstützung für Menschen in Notlagen. Was der Staat an gesetzlichen oder freiwilligen Leistungen auszahlt, ist von anderen Steuer- und Abgabenzahlenden aufzubringen. Die Erwartungen an die Solidargemeinschaft sind individuell und in unserer medialen Welt tagtäglich irgendwie präsent. Und es gibt immer irgendeinen Grund, warum gerade hierfür und nicht dafür Geld ausgegeben werden muss. Forderungen, die öffentlich in Szene gesetzt werden, wirken machtvoll und stimulieren die Abgeordneten der Parlamente. Da Politiker*innen nach Ablauf ihrer Wahlperiode wieder gewählt werden wollen, besteht tendenziell die Neigung, dem Volk das zu geben, was der eignen Klientel dient und den Abgeordneten das Gefühl gibt: Ich setze mich für meine Wähler ein. Das begründet auch die scheinbare Kurzsichtigkeit vieler politisch Verantwortlicher. Es gäbe gute Gründe, beispielsweise die Wahlperioden des Deutschen Bundestages von bisher vier Jahren auf fünf Jahren zu verlängern. So, wie es bereits bei der Kommunalwahl der Fall ist.

Es sind immer Menschen, die durch ihr Reden und Handeln wirken und gestalten. Die Ergebnisse sind häufig Kompromisse nach Diskussionen und Entscheidungen. Mit dabei sind die eigenen Emotionen, Fähigkeiten und auch die Unfähigkeiten mit sehr unterschiedlichen Ursachen und Ausprägungen. Schnelligkeit und Perfektion sind ein hoher Anspruch, den kein Mensch zu 100 % erfüllen kann. So ist es weltweit bei allen Menschen dieser Erde. Eine gegenteilige Behauptung wird erfahrungsgemäß als Überheblichkeit oder als Wahrnehmungsdefizit gesehen.

In Deutschland erhalten Politiker*innen für vier beziehungsweise fünf Jahre durch eine freie und geheime Wahl das Mandat, zum Wohle des Volkes zu handeln. Bei all den vielschichtigen Strömungen und Erwartungen in unserer sehr komplexen und modernen Gesellschaft bedarf es eines ständigen Klärungsprozesses in Diskussionen und Entscheidungen durch Abstimmung in den Parlamenten, von Kommune bis Europaparlament. Die Frage „Was ist perspektivisch richtig und erforderlich für unser Land?" wird, subjektiv betrachtet, beim Wahlvolk und auch bei den gewählten Frauen und Männern sehr unterschiedlich beantwortet. Jeder sieht erst mal sich selbst und seine Partei und dann das Gemeinwohl.

Der Ruf nach dem Staat, er solle dieses und jenes regeln oder finanzieren, kommt lautstark und intensiv immer wieder von den bundesweit organisierten Interessenverbänden. Und diese haben in der Regel ihre Büros in der Nähe der politischen Schaltzentralen. Jeder Interessenverband kocht naturgemäß sein eigenes Süppchen. Ihr Anliegen sei besonders wichtig und daher zu berücksichtigen. Politiker*innen werden immer wieder mit subjektiven Informationen und Sichtweisen gefüttert. Es ist nicht verwerflich, wenn Lobbyisten informelle Fakten mit den zuständigen Abgeordneten austauschen. Intensive und freundschaftliche Kontakte können für beide Seiten ein Mehrwert sein, wenn sie der Transparenz dienen. Bei größter Vertrautheit und Achtsamkeit empfinden wir Menschen eine freundschaftliche Empathie, die nicht immer einer Objektivität dienlich ist.

Mit der letzten Bundestagswahl im Herbst 2021 hat sich die Anzahl der Abgeordneten weiter auf 736 erhöht. Eigentlich sollte der Bundestag nur 598 Abgeordnete haben. Im Vorfeld der Neuwahl konnten sich die Fraktionen nicht auf eine Regelung verständigen, die ein weiteres Anwachsen des Parlamentes vermieden hätte. Es wurden wie vor Jahren viele Gespräche geführt, doch eine Einigung schien nicht möglich. Die Interessen der einzelnen Parteien waren hinderlich. Deutschland hat damit eines der weltweit größten Parlamente. Neben der personellen Vergrößerung gehen auch die Kosten des Bundestages durch die vielen Mitarbeiter der Abgeordneten und der Bundestagsverwaltung massiv in die Höhe. Personalstärke und Kosten sind grundsätzlich kein Indiz für schnellere und bessere Leistungen. Die Ampelkoalition SPD, Grüne und FDP haben 2023 zwar eine Entscheidung zur Änderung des Wahlrechtes mit dem Ziel einer deutlichen Verkleinerung des Bundestages getroffen. Doch seitens der CDU/CSU-Bundestagsfraktion wurde dagegen beim Bundesfassungsgericht eine Klage eingereicht. Bei all den berechtigten Argumenten und Entscheidungen kann es letztlich nur eine Lösung geben, wenn alle Beteiligten in Teilbereichen sich kompromissbereit zeigen. Demokratie ist immer eine Bühne für öffentliche Auseinandersetzungen und ein Ringen um die besten Entscheidungen. Das funktioniert nur, wenn die grundsätzliche Bereitschaft aller zu Kompromissen erhalten bleibt.

Die Zusammensetzung des Bundestages sollte ein Spiegelbild der Gesellschaft sein. Auffallend ist der recht hohe Anteil von Bediensteten aus dem öffentlichen Dienst, die sowohl in ihren Berufen und später auch als Rentner*innen beziehungsweise Pensionär*innen ein gutes Einkommen haben. Arbeitslosigkeit oder ein Abdriften in die Armut ist hier eher selten. Ihre Vertrautheit mit Verordnungen, Gesetzen und Bürokratie macht ein Umdenken in Richtung Praktikabilität und Vereinfachung nicht leichter. Auch fällt es den vielen Parlamentarier*innen, die in ihrem Leben noch nie unter Wettbewerbsbedingungen gearbeitet haben, naturgemäß eher schwer, sich mit den Sorgen und Nöten der Menschen in der Arbeitswelt sowie den komplexen Zusammenhängen von Wirtschaft und Wohlstand detailliert auszukennen. Politikprodukte wie Gesetze, Verordnungen, Planungsleitlinien etc. werden in den Räten und Parlamenten wesentlich von den Verwaltungsfachleuten sehr komplex und bis ins Kleinste formuliert. Verständlichkeit, Übersichtlichkeit und die Wirkung in Zusammenhängen mit anderen Vorschriften leiden massiv. Das heutige Leben der Menschen bewegt sich inzwischen in einem engen Bürokratiekorsett, was in vielen Branchen schon zu großen Blockaden führt. Menschen empfinden in ihrem Alltag das Verwaltungsmonster zunehmend als hinderlich, ungerecht und kostensteigend. Und niemand scheint sich dafür verantwortlich zu fühlen. So sind die Gesetze und Vorschriften eben. Eine nicht mehr akzeptable Entschuldigung, weil Deutschland und auch Europa vieles übertreiben und der normale Menschenverstand für Pragmatismus offenbar untergeordnet ist.

Die deutsche Bürokratie-Gründlichkeit neigt dazu, für die Umsetzung der neuen gesetzlichen Regelungen immer auch mehr Personal anzufordern. Das klingt plausibel. Ein Weiter so ist nicht gut für den Wohlstand in unserem Land. Der Altbundespräsident Roman Herzog hat seinerzeit gesagt: „Durch Deutschland muss ein Ruck gehen." Inzwischen sind Jahrzehnte vergangen und wir haben sehr viele unerledigte Baustellen zusätzlich, die nicht nur Geld kosten, sondern primär auch Besonnenheit, Weitsicht und Mut für dringende Anpassungen.

In nahezu allen Branchen wachsen Unmut über geltende Gesetze und Verwaltungsvorschriften. Selbst für große Fachanwaltspraxen ist es nicht einfach, klare und gerichtsfeste Rechtsauskünfte zu erteilen. Neben den Texten in Gesetzen und Verordnungen muss eine Fülle von Rechtsurteilen bundesweiter Gerichte gesichtet und berücksichtigt werden.

Letztlich trifft das Sprichwort zu: „Auf hoher See und vor Gericht sind wir in Gottes Hand." Das macht Angst und drängt auf Veränderungen.

Bürger und Bürgerinnen reagieren ablehnend oder ignorierend, wenn sie Regelungen vom Text und vom Sinn her nicht verstehen. Eine innere Ablehnungshaltung führt entweder zum offenen Protest oder zur schweigenden Resignation. Die stark rückläufigen Wahlbeteiligungen in den letzten Jahren sind ein Indikator für eine sich breitmachende Unzufriedenheit. Die da oben, abgehoben, und wir da unten im Abseits. Eine Schwächung unserer Demokratie, die eine Korrektur erfordert. Das funktioniert nur mit verständlichen und ehrlichen Aussagen seitens der Politiker*innen. Bürger und Bürgerinnen wollen keine Schönfärberei oder nichtssagendes Taktieren.

In unserem Land sind wir an einem Wendepunkt. Das Motto „Weiter so" oder die Aussage „Sie kennen mich" der damaligen Bundeskanzlerin Angela Merkel reichen nicht mehr für die anstehenden Probleme. Manches ist Jahr für Jahr eher verdrängt worden und bedarf nunmehr dringender Anpassungen. Gefragt ist ein ehrlicher Politikstil, der die Menschen auf dem Weg in die Zukunft mitnimmt. Das braucht Vertrauen und eine klare Sprache. Rhetorische Floskeln hören sich gut an, doch ihre positive Wirkung ist schnell verflogen. Bürger und Bürgerinnen mit ihren jeweils individuellen Alltagssorgen haben eine gute Antenne für notwendige Veränderungen. Die ganze Welt und damit auch unsere kleine Bundesrepublik Deutschland steht vor gravierenden Anpassungsnotwendigkeiten. Die von Bundeskanzler Olaf Scholz so titulierte „Zeitenwende" müssen wir auf viele gesellschaftliche Bereiche beziehen. Gewohntes und Vertrautes, das über Jahrzehnte selbstverständlich schien, ist nicht mehr selbstverständlich.

Unsere Gesellschaft steht am Anfang einer neuen Zeit, die vieles verändern wird. Unsere wachsende Sensibilität für

Umwelt und Klima wird ein wichtiger Beitrag für das Leben künftiger Generationen sein. Die Zeiten von „Geiz ist geil" und die Vorfahrt für Billig-Produkte scheinen sich dem Ende zu nähern. Bei Politiker*innen wächst die Sicht für das Reale und Notwendige und die wichtigen Bedürfnisse der Menschen. Schönreden und plakative Worthülsen werden von Fakten und Transparenz überholt. Wirtschaft und Gesellschaft spüren den Druck für mehr Nachhaltigkeit, für faire Arbeitsbedingungen und für eine Optimierung der Bevorratung und weniger just in time. Alles nicht neu, sondern über Jahrzehnte mit Erfolg unter dem Titel „Soziale Marktwirtschaft" erfolgreich gelebt. Unser Glaube an ein grenzenloses Wachstum mit einer ständigen Wohlstandsmehrung ist in die Sackgasse geraten. Die Bäume wachsen bekanntlich nicht in den Himmel. Das ist auch in der Politik angekommen. Der proklamierte Politikstil mit mehr Transparenz, Weitsicht und Mut zu Veränderungen ist in der Realität verbesserungsfähig. Wegen der Komplexitäten und unübersichtlichen Verflechtungen eine große Herausforderung für jeden Menschen.

Im Zusammenhang mit der Flüchtlingswelle ab 2015 insbesondere aus den islamistischen Ländern Nordafrikas wurde in Europa häufig von unserer jüdisch-christlichen Tradition gesprochen. Das Christentum hat sich vor mehr als 2.000 Jahren aus dem jüdischen Glauben entwickelt und über viele Länder der Erde verbreitet. Die Botschaften des gekreuzigten Jesus richteten sich an die damaligen Menschen und wurden über Generationen weitergegeben. In den Erzählungen und Gleichnissen geht es um Verhaltensweisen für ein entspannteres und friedvolles Miteinander. In der oftmals zitierten Bergpredigt nach dem Evangelisten Matthäus heißt es unter anderem „Selig, die keine Gewalt anwenden. Selig, die Barmherzigen. Selig, die Frieden stiften". Selbstverständlichkeiten, die niemals perfekt gelebt werden können. Das Christentum hat unser Zusammenleben geprägt und eine freiheitliche Kultur entwickeln lassen. Anders, als beispielsweise in islamisch geprägten Ländern. Mit den vielen Flüchtlingen sind auch deren Kulturen zu uns gekommen. Daraus erwachsen Konflikte, die mit gegenseitigem Respekt und Achtsamkeit vermieden werden können. Eine Herausforderung sowohl für unsere Bürger*innen, wie für die zu uns gekommen Menschen. Eine Aufgabe, die mit Erlernen der deutschen Sprache beginnt. Hier klappt es derzeit bei uns nicht im erforderlichen Maße, da unsere Ressourcen auch begrenzt sind. Die Integration der zugewanderten Menschen wird längere Zeit uns viel Verständnis und Unterstützung abverlangen. Mit Blick auf unseren Arbeitsmarkt und dem weiter steigendem Bedarf eine Notwendigkeit auch in unserem Sinne.

Unsere mediale und moderne Welt mit einer enorm wachsenden Weltbevölkerung steht vor riesigen Herausforderungen, die nur im Miteinander, mit Weitsicht und vor allem mit Mut zur Tat gelöst werden können. Abschottung, Machtgelüste und Egoismus wird es auch in Zukunft geben, weil Menschen immer auch den Egoismus leben. Für manche Verhaltensänderungen scheint es bereits fünf vor zwölf zu sein. Im Rückblick sind es Fakten, die nicht geleugnet werden können. Zukünftig werden wir verstärkt mit Folgen konfrontiert, die auch bedrohlich sind. Allgemein wird konstatiert, dass man im Nachhinein immer klüger ist. Diese schmerzliche Erfahrung musste im Februar 2022 ganz Europa machen. Jahrzehntelang haben Deutschland und auch viele westliche Länder darauf vertraut, dass in der Beziehung zu Russland ein nachhaltig gutes Miteinander durch einen intensiven Handel mit Gas und anderen Waren gefestigt werden kann. Unsere gewaltigen Gasimporte sicherten einerseits unsere dringenden Bedürfnisse und andererseits füllten sie auch Russlands Kriegskasse. Der von Russland mit Einmarsch in die Ukraine begonnene Krieg brachte bereits viele Tausend Tote auf beiden Seiten, sehr viele massiv zerstörte Städte und Millionen Flüchtlinge. Die Grausamkeiten des Krieges über die Internetportale und Fernsehanstalten erreichen uns von morgens bis abends. Die schrecklichen Bilder machen betroffen und uns fähig zu einer enormen Unterstützungsleistung für die Flüchtlinge aus der Ukraine. Katastrophen und schreckliche Kriege in unserer Nähe verbinden und stärken die Solidarität.

Niemand hat in Europa einen so brutalen Krieg mehr für möglich gehalten. Mehr als sieben Jahrzehnte konnten wir in Deutschland im Frieden unseren Wohlstand steigern. Der sogenannte Kalte Krieg mit strategischen militärischen Aufrüstungen in Ost und West über viele Jahre wurde immer weniger als realistische Gefahr in der Bürgerschaft wahrgenommen. Wir hatten uns daran ebenso gewöhnt wie an die geschlossene Grenze mit Mauer und Stacheldraht zu unseren Schwestern und Brüdern in der DDR. Für alle überraschend und mit großer Freude kam es dann am Abend des 9. Novembers 1989 zur Wende und knapp ein Jahr später zur Wiedervereinigung.

Die Pressefreiheit in unserer Demokratie ist sehr ausgeprägt und unverzichtbar für eine freiheitliche und liberale Gesellschaft. Ein gutes Vorbild insbesondere für autokratisch oder diktatorisch geführte Staaten. Presse, Rundfunk und Fernsehen sorgen rund um die Uhr mit fundierten Hintergrundinformationen für eine hohe Transparenz vieler politischer und gesellschaftlicher Themen. Politiker und Interessenvertreter werden in Livesendungen oder digital zu Interviews eingeladen und müssen Farbe bekennen oder Entscheidungen begründen. Beispielsweise bei den großen Themen Corona-Pandemie oder Russlands Angriffskrieg in der Ukraine habe ich die Fragestellungen teils sehr bedrängend erlebt. Beliebt sind Fragen nach offensichtlichen Widersprüchen innerhalb der Regierungskoalition oder Partei. Auch früher getroffene Entscheidungen oder Meinungsäußerungen werden mit einem negativen Tenor angesprochen, wenn zwischenzeitlich anders argumentiert oder entschieden wurde. Zur Fairness gehören ein Verständnis und Akzeptieren für eine neue Sichtweise, weil sich die Sachlage eben geändert hat. Spitzzüngige

Fragen oder Bemerkungen sind dann überflüssig. Denn jeder Mensch hat das Recht, sich selbst zu korrigieren. Wer einen Fehler offen und ohne Verzögerung eingesteht und sich korrigiert, zeigt Stärke und ist kein Schwächling. Unsere Menschlichkeit mit unserem Reden und Handeln bleiben stets ein Stück unperfekt.

WAS NÜTZEN GESETZE UND REGELUNGEN, WENN SIE NICHT KLAR, GERECHT UND PRAKTIKABEL SIND?

In der alttestamentlichen Bibelerzählung werden Moses, dem Führer der Israeliten, auf der langjährigen Wanderschaft in die neue Heimat die „Zehn Gebote Gottes" auf einer Tafel übergeben. Nach dem Auszug aus Ägypten mit stark eingeschränkten Lebensbedingungen und Unterdrückung brauchten sie Regeln für das Miteinander ohne Fremdbestimmung. Die Freiheit des Einzelnen hat immer ihre Grenzen, wenn dadurch andere Menschen benachteiligt, erniedrigt oder körperlich wie psychisch verletzt werden. Auf Kosten anderer leben ist eine Folge von Egoismus und Rücksichtslosigkeit in sehr unterschiedlichen Ausprägungen. Habgier, Neid und Machtgelüste oder Freiheitsansprüche sind mehr oder weniger Teil unserer menschlichen Schwäche. Wo jedoch Solidarität und Achtsamkeit gelebt werden, da kann viel Gutes als Win-win-Situationen für alle Beteiligten erfahren werden. Anders ausgedrückt: Wo das Leben mit Verhaltensweisen der Liebe präsent ist, da wachsen Vertrauen, Fürsorge, Hilfsbereitschaft und Frieden. Und auch die zwischenmenschliche Liebe ist meist nicht so nachhaltig und stark, dass ein Miteinander dauerhaftes Glück und Zufriedenheit garantiert. Der Freiheitsdrang des Individuums Mensch ist vielfältig und macht das Zusammenleben nicht gerade einfach. Ohne klare Regeln und Gesetze würden der zwischenmenschliche Friede und die von allen ersehnte Verlässlichkeit nicht erreicht werden können. Doch was nützen Verhaltensregeln, wenn sie nicht befolgt und auch nicht kontrolliert werden? Verstöße gegen Regeln brauchen immer auch angemessene Sanktionen. Denn wo Fehlverhalten nicht geahndet wird, da werden Rechte mit Füßen getreten und Chaos macht sich breit.

Beispielsweise in der Straßenverkehrsordnung heißt es als Grundregel in § 1:

„Die Teilnahme am Straßenverkehr erfordert ständige Vorsicht und gegenseitige Rücksicht. Weiter heißt es: Wer am Verkehr teilnimmt, hat sich so zu verhalten, dass kein anderer geschädigt, gefährdet oder mehr, als nach den Umständen unvermeidbar, behindert oder belästigt wird."

Die Realität auf unseren Straßen zeigt jedoch ein anderes Bild. Gesetzesverstöße wie Geschwindigkeitsüberschreitungen dürften wohl die häufigsten sein. Ein höheres Tempo im Rahmen der untersten Bußgeldstufe wird bewusst eingepreist, weil ja nur an bestimmten Stellen Kontrollblitzer stationär oder mobil aufgestellt sind. Es wird schon gut gehen. So machen wir uns selbst die Missachtung des Tempolimits akzeptabel. Überhöhte Geschwindigkeiten und nicht eingehaltene Abstände zum Vorausfahrenden führen häufig zu Unfällen mit teils verheerenden materiellen und menschlichen Folgen. Auf der linken Spur der Autobahn zeigen sich oftmals von hinten Drängler mit Lichthupe. Sie drängeln, obwohl das vorausfahrende Fahrzeug selbst nach vorne den erforderlichen Sicherheitsabstand einhalten muss. PKW mit starker PS-Leistung und sicherheitsstabilere SUVs zeigen hier gern ihre Dominanz.

In der Fahrschule habe ich vor Jahrzehnten gelernt, dass vor dem Überholen auf der Straße zuerst der Blick in den Rückspiegel und erst dann, wenn frei ist, der Blinker links zu betätigen ist. Die buchstäbliche Rücksichtnahme auf den Verkehr im Rückspiegel ist vielen Fahrer*innen auf der Autobahn entweder nicht mehr bekannt oder wird aus Zeitgründen unterlassen. Offensichtlich macht sich eine nicht bestehende Regel breit: „Einmal kurz links blinken und sofort auf die linke Spur wechseln, ohne auf den rückwärtigen Verkehr zu achten." Hier haben so manche Unfälle auf der Autobahn ihre Ursache, weil es zu massiven und folgenschweren Bremsmanövern kommt.

Polizei, Feuerwehr und Rettungskräfte sind rund um die Uhr über ihre Leitstellen telefonisch erreichbar. Ein gut funktionierendes System. Primär geht es immer um die Rettung oder Sicherung von Menschenleben. Emotional belastende Erlebnisse und der Zeitstress im Einsatz sowie der wechselnde Schichtdienst erhöhen die Belastung. Die zunehmende Einsatzbehinderung durch Schaulustige, die mit dem Smartphone Videos für das Internet aufnehmen, hat sich in unserer modernen Gesellschaft als wachsendes Problem etabliert. Hier soll mit der Not von Menschen Aufmerksamkeit erzielt werden. Dass dabei Rettungskräfte behindert und bei Zurückweisung angepöbelt und körperlich sogar angegriffen werden, ist leider eine Entwicklung, die unser Rechtsstaat nicht tatenlos dulden oder akzeptieren darf. Der Verbandspräsident Bause des Deutschen Feuerwehrverbandes forderte 2023 ein hartes Durchgreifen bei Angriffen auf Einsatzkräfte. *Der Staat muss dafür Sorge tragen, dass Feuerwehren, aber auch Rettungsdienste und Polizei als Vertreter des Staates nicht ohne harte Strafen angegriffen werden.*[4]

Im Straßenverkehr bewegen sich auch Radfahrer und Fußgänger. Auch für sie gibt es klare Regeln, wo und wie sie die Straßenflächen benutzen dürfen. Neben dem Auto- und LKW-Verkehr gibt es in den Städten und Gemeinden auch Straßenflächen, die ausschließlich für Radfahrer*innen und/oder Fußgänger*innen vorgesehen sind. E-Scooter, Lastenräder, Pedelecs mit und ohne Anhänger sind heute wesentlich schneller unterwegs als noch vor Jahren. Zudem ist es umweltpolitisch richtig und notwendig, dass möglichst viele Menschen auf öffentliche Verkehrsmittel und auf Fahrräder umsteigen. Auf Grund der beengten Wege und Nähe zu den Fußgänger*innen steigt jedoch das Gefährdungspotenzial für Menschen, die zu Fuß unterwegs sind. Die Verhaltensmentalitäten vieler Radfahrer*innen zeigen sich heute ebenfalls deutlich rücksichtsloser. Fußgänger*innen sind somit die schwächsten Teilnehmer*innen auf den Verkehrswegen. Ältere Menschen genießen das schnellere Fahren mit einem Pedelec. Mit einer höheren Geschwindigkeit steigt aber auch die Unfallgefährdung. Häufig kommt es zu einem Sturz oder zu einer Kollision mit einem anderen Radfahrer oder Fußgänger. Höheres Tempo erfordert immer auch eine konzentrierte Weitsicht und ein schnelles Reaktionsvermögen. Das wird nicht nur von älteren Menschen oftmals unterschätzt. Wenn Autofahrer einen Abstand von 1,5 m zu einer Person mit Fahrrad einhalten müssen, dann braucht es auch einen ausreichenden Abstand zu Personen, die zu Fuß unterwegs sind. Bei den häufig engen Flächen für Fußgänger und Radfahrer ist das Gefährdungspotenzial für die schwächsten Verkehrsteilnehmer, den Menschen zu Fuß oder mit Rollatoren, deutlich gestiegen. Der Trend, mehr Fahrrad zu fahren, darf für Fußgänger nicht zu mehr Risiken führen.

Viele Jahre haben wir in der Nähe einer Grundschule gewohnt. Häufig konnten wir wahrnehmen, wie Grundschüler*innen mit Unterstützung der Polizei notwendige Verhaltensweisen für das Radfahren praktisch erlernen konnten. Dazu gehörte auch, das Zeichen für ein Abbiegen nach links oder rechts zu geben. Ein Erfordernis, um anderen Verkehrsteilnehmern zu signalisieren: „Achtung, ich werde links oder rechts abbiegen." Ich selbst habe beim Radfahren über Jahrzehnte diese Zeichenpflicht für Radfahrer*innen deutlich mit weit ausgestrecktem Arm praktiziert. Auch zu meiner eigenen Sicherheit. Leider wird diese Verkehrsregel von Radfahrerinnen und Radfahrern heute nur sehr selten eingehalten. Auch wohl deshalb, weil kaum jemand noch darüber spricht und die Polizei personell auch nicht mehr wie früher die Einhaltung der Verkehrsregeln überwachen kann.

Radeln auf Gehwegen, in oder auch gegen die Fahrtrichtung, oder hohe Geschwindigkeit in Fußgängerzonen wird zunehmend als selbstverständlich praktiziert. Sehr gefährlich mit stark erhöhtem Tempo. Radfahrer*innen mit Handy oder auf Gefährten mit Motorunterstützung erzeugen zusätzliche Unfallpotenziale. Insgesamt zeigt sich eine stark gewachsene Rücksichtslosigkeit. Verhaltensregeln auf den Straßen scheinen immer mehr faktisch außer Kraft gesetzt. Was nicht vorgelebt oder kontrolliert wird, verflüchtigt sich mit der Zeit. Etwa nach dem Motto: Wo kein Kläger, da kein Richter. Bußgelder für Radfahrer sind in unseren Innenstädten wegen fehlender Kontrollen eher die Ausnahme. Unser Staat ist schlicht überfordert, alle Vergehen im Straßenverkehr zu ahnden. Er kann aber auch nicht die Erziehungsdefizite und die Vorbildfunktionen ersetzen. Die Freiräume für immer mehr Regelverstöße wachsen und haben in unserem Land massiv zugenommen. Für rücksichtsvolle und verantwortungsvolle Teilnahme im öffentlichen Raum ist nicht primär die Politik zuständig. Es sind wir Menschen, Männer und Frauen in jedem Alter, die nicht wegschauen und schweigen dürfen. Unsere Gesellschaft braucht mehr Menschen mit Zivilcourage, die bei Verstößen nicht wegschauen, sondern mutig den Mund aufmachen. Politiker*innen und Männer und Frauen in den Verwaltungen können mit Einbindung der Medien vor Ort auf gefährliches Regelmissachten zumindest temporär publik machen. Da, wo Verstöße geduldet oder schweigend toleriert werden, da werden sie faktisch akzeptiert. Wegen der Personalknappheit bei Polizei und kommunalen Ordnungskräften bleibt noch eine digital verstärkte Videoüberwachung. Viele mögen das als Übertreibung und eine Art Missachtung der persönlichen Freiheit bezeichnen. Die moderne Technik ersetzt faktisch nichts anderes als das, was vor vielen Jahren im Miteinander selbstverständlich war. Die Menschen lebten weniger isoliert und solidarischer, weil Fehlverhalten im Miteinander angesprochen wurde. Dieses Korrektiv ist unserer Gesellschaft heute weitgehend verloren gegangen. Somit sind Body-Cams für die Polizei und Videokameras auf öffentlichen Plätzen in einer anonymeren und rücksichtsloseren Gesellschaft nicht nur sinnvoll, sondern verstärkt notwendig.

In meiner Kindheit und Jugend wurde ich bei Fehlverhalten von meinen Eltern und auch von anderen, wie beispielsweise Nachbarn oder Lehrer*innen, angesprochen oder gemahnt. Manchmal auch mit Konsequenzen. Wo heute unzählige gesetzliche Regelungen das Leben mitsteuern, da gab es früher mehr spontane und direkte Korrektive im alltäglichen Miteinander. Wie oft hörte ich die Worte „Das tut man nicht" oder „Was du nicht willst, das man dir tut, das füg auch keinem andern zu". Ja, es wurde früher aber auch oftmals mit Strafen übertrieben. Doch zeitversetzt gab es immer wieder liebevolle Umarmungen mit versöhnlichen Worten. Im Umgang miteinander gab es früher mehr Klartext. Fehler wurden direkt benannt und angeprangert. Mag plump gewesen sein. Aber es gab kein Nachtreten. Schwamm drüber, so hieß es. Heute dominiert bei vielen ein Harmoniebedürfnis, so dass Konflikte eher unterschwellig brodeln. Was nicht offen diskutiert und angesprochen wird, das bleibt als ungelöstes Problem lange Zeit aktiv.

Das heutige Leben mit einem nie gekannten Wohlstand, der niedrigsten Wochenarbeitszeit und den meisten Urlaubstagen aller Zeiten macht das moderne Leben tendenziell angenehmer. Parallel entwickelte sich eine Regelungskultur für alles Mögliches von der Wiege bis zur Bahre. Was im Einzelnen sinnvoll erscheint, wirkt im Zusammenspiel aller Regelungen teils widersprüchlich, ungerecht und völlig unpraktikabel. Wir haben ein Bürokratiemonster entwickelt, dass immer weniger Menschen und auch die betroffenen Fachleute kaum noch vollständig beherrschen. Beispielsweise geht die Dokumentationspflicht in der Pflege in Krankenhäusern, Pflegeheimen und in der mobilen Pflege wegen des hohen Zeitaufwands zulasten der konkreten menschlichen Hilfe. Eine Schieflage, wenn das formelle Einhalten von Regelungen pragmatisches Handeln belastet. Weniger ist oftmals mehr und Stichpunktkontrollen ohne Ankündigung können die Realität sogar deutlicher erfassen. Der Politik kann hier nur insofern ein Vorwurf gemacht werden, als dass sie der Bürokratie und ihren Kontrollmechanismen einen zu hohen Stellenwert einräumt und die menschlichen Bedürfnisse vor Ort zu wenig berücksichtigt. Hier braucht es auch in den Ministerien eine Zeitenwende. Weg von immer mehr Personalkräften, die es verkomplizieren und sich zu wenig die Umsetzung für die Menschen vorstellen können. Die aufgeblähte Bürokratie hat auch ihre Wurzel in den riesigen Ministerien und staatlichen Verwaltungen. Ein Bundeswehrbeschaffungsamt mit circa 10.000 Mitarbeiter*innen scheint sich tendenziell sehr stark selbst zu verwalten. Der Bürokratieabbau beginnt mit einer schlankeren Verwaltung und mit veränderten Strukturen. Früher hörte ich häufiger den Ausspruch „Mut zur Lücke". Alles ist nicht beherrschbar. Bürger und Bürgerinnen verstehen die Gesetze und Regelungen aus den Parlamenten, Bund und Land, immer weniger, weil sie zu umfassend und nicht in ihrer Sprache verfasst werden. Ich kann mir nicht vorstellen, dass unsere Politiker und Politikerinnen bei den Gesetzesverabschiedungen die Folgewirkungen in ihrem ganzen Ausmaß überblicken. Ja, selbst Gerichte und viele Juristen beschäftigen sich hinterher meist sehr intensiv um Klärung, was konkret gemeint war. Dann muss nachgebessert werden, mehr im juristischen Sinne und weniger in der Wirkung bei den betroffenen Menschen.

Das Wirrwarr der Datenschutzgrundverordnung 2020 und die Abstimmungen zwischen der EU und den einzelnen Ländern wurden lange Zeiten diskutiert. Verstanden haben die Menschen es bis heute nicht. Und in der Umsetzung gab es auch für einige Firmen ein Stochern im Nebel. Heute spricht kaum noch ein Mensch darüber und das Akzeptieren wird von uns Bürgern digital einfach angeklickt, ohne es wirklich zu verstehen. Welch ein Schwachsinn mit täglicher Resignation der Bürger und Bürgerinnen. Ein gewisser Schutz der persönlichen Daten im Internet ist wichtig. Dieses Ziel verfliegt jedoch, wenn das Verstehen und die wirkliche Akzeptanz bei Bürgern und Bürgerinnen offenbleiben. Die deutsche Politik kann sich jedoch damit schmücken, dass sie die Vorgaben der Europäischen Union umgesetzt hat. Kein Beitrag zur Überwindung der Politikverdrossenheit. Ein Weiter so könnte fatale Folgen haben. Die von Bundeskanzler Olaf Scholz 2022 angekündigte Zeitenwende braucht es auch für eine bessere, funktionierende bürgernahe Bürokratie. Weniger ist mehr.

Die überbordende Bürokratisierung in unserem Land hat ein Niveau erreicht, das unsere Gesellschaft zunehmend lähmt und notwendige Anpassungen für Fortschritt und Wohlstand blockiert. Das Kleingedruckte in Verwaltungssprache für alle möglichen Dinge des Lebens verstehen Menschen immer weniger. Selbst die Erfolgsaussichten von Fachanwälten bei Rechtsstreitigkeiten sind unklar, weil bekanntlich auf hoher See und vor Gericht niemand verbindlich weiß, wie es ausgeht. Mit Akribie wird nach juristischen Urteilen gesucht, die auf den betreffenden Fall passen könnten. Und so manche Urteile von Gerichten in höheren Instanzen sehen anders aus, weil häufig ein juristischer Formfehler maßgeblich war. Bei solchen Entscheidungen bleibt die Auseinandersetzung um den Sachverhalt oft auf der Strecke.

Die deutsche Regelungswut begann wohl in der Preußenzeit des 19. Jahrhunderts. Ich erinnere mich an den Schwarz-Weiß-Film „Die tollkühnen Männer in ihren fliegenden Kisten" in den 50er- oder 60er-Jahren. Es ging um einen Wettbewerb, mit den ersten kleinen Flugzeugen die Meerenge Frankreich–Großbritannien zu überqueren. Der deutsche Pilot, von Gerd Fröbe gespielt, wurde von seinen europäischen Konkurrenten schon vor dem Start wegen der vielen deutschen Regeln und Bestimmungen für das Fliegen belächelt. Die sogenannten preußischen Tugenden haben unserem Land sicherlich große Fortschritte gebracht. Doch die Regelungswut darf nicht zu Blockaden führen. Jede Regelung von Gesetzesparagrafen und Verwaltungsvorschriften muss notwendig, gerecht, umsetzbar sowie nachhaltig sinnvoll und vor allem von den Menschen auch verstanden werden.

JEDER MENSCH HAT SEINE WÜRDE. FEHLER UND SCHWÄCHEN GEHÖREN ZUM MENSCHSEIN

In unserem Grundgesetz steht: „Die Würde des Menschen ist unantastbar." Das auf allen Ebenen 100%ig zu leben, ist eine permanente Herausforderung für alle. Den Christen wird in der Taufe das Versprechen abgenommen, dass sie dem Bösen entsagen. Stellvertretend für das kleine Kind tun das die Eltern. Es gibt keine Garantie, dass wir selbst dem Bösen, wie immer wir das auch definieren mögen, konsequent widerstehen. Jeder trägt immer auch eine Portion Unvollkommenheit in sich. Wer das für sich selbst akzeptiert, macht zugleich den Schritt, Schwächen bei anderen zu verstehen und zu akzeptieren. Das Sprichwort mit den Rachegelüsten „Wie du mir, so ich dir" können wir auch abändern, etwa in die Form „Wie ich mich sehe, so will ich auch dich sehen". Wertemaßstäbe sind nur dann gerecht, wenn sie einheitlich für alle gelten sowie respektiert und gelebt werden.

Zu den menschlichen Schwächen gehört auch seine mehr oder weniger labile Standfestigkeit. Da wird ein Vorschlag kritisiert, schon wird er zurückgezogen. Mit einem intensiven Nachfassen wird schon mal aus einem „Nein" schließlich ein „Ja". Einfühlsame Aufmerksamkeit und gute Rhetorik sind Türöffner für den gemeinsamen Weg. Selbstdarstellung und Vorwürfe beflügeln ablehnende Haltungen. Dieser psychologische Mechanismus wird in der Geschäftswelt, aber auch in vielen Bereichen der Gesellschaft zum Durchsetzen eigener Vorteile gern angewandt. Schon in der biblischen Schöpfungsgeschichte im Alten Testament lässt sich Eva im Paradies von der Schlange verführen. Es ist das Verlangen nach Besitz, Anerkennung, Macht und ebenso nach Harmonie oder Zuneigung. Wünsche und Süchte wecken ein Verlangen, das wie ein Köder in uns Macht gewinnt. Und mancher Wunsch lässt uns blind werden für eine ganzheitliche und realistische Wahrnehmung. Wie oft kommt es vor, dass wir uns überreden lassen, obwohl wir es eigentlich gar nicht wollten. Im Nachhinein kommen Einsicht und Verärgerung über das eigene Schwachwerden. Standhaftigkeit oder Nachgiebigkeit ist manchmal auch ein Ausdruck des Selbstwertes.

Die Persönlichkeit der Menschen macht sie zugleich anfällig für Konflikte und Streitigkeiten. Jeder möchte sich behaupten und auf keinen Fall als Verlierer dastehen. Deshalb können Meinungsverschiedenheiten mit unterschiedlichen Zielen friedlich immer nur im Konsens gelöst werden. Es funktioniert, wenn alle Beteiligten sich auf Augenhöhe und mit Respekt begegnen. Häufig stecken Verhandlungen in einer Sackgasse, weil sich die Kontrahenten in ihre jeweilige Position festgebissen haben. Dann geht es gar nicht mehr so sehr um die Sache selbst. Die Schmach, als Verlierer das Verhandlungsfeld zu verlassen, will keiner. Jeder sucht das erhebende Gefühl, Gewinner zu sein. Keine Seite möchte ihr Gesicht verlieren und daher braucht es einen Kompromiss, mit dem alle Beteiligten leben können, eine sogenannte Win-win-Situation. Was auf politischer Ebene oder bei Tarifverhandlungen regelmäßig praktiziert wird, lässt sich auf andere Beziehungsebenen übertragen.

Wo jedoch mit Druck oder hierarchischer Autorität etwas durchgesetzt wird, da entstehen emotionale Störungen. Es bleibt das Gefühl der Ohnmacht oder nicht ernst genommen zu werden. Eine solche Hilflosigkeit sucht nach Auswegen, die manchmal neue Eskalationen hervorbringt.

Wer kennt ihn nicht, den Gedanken oder gar den Satz: „Ich könnte dich umbringen." Ein Ausdruck für eine sehr starke Wut, geboren aus gefühlten Verletzungen. Es sind immer mindestens zwei Pole, die aufeinanderstoßen. Da sind die gesendeten Reizungen von außen und da ist die gefühlsmäßige Wirkung beim Hörenden. In emotional hochgekochten

Situationen fragt kaum jemand danach, ob der andere es auch so gemeint hat oder ob etwas falsch verstanden wurde. Das gesprochene Wort ist an sich schon missverständlich. Hinzu kommt, dass dem Gehörten noch die gefühlten Wahrnehmungen beigemischt werden. Das Miteinander-Reden kann sehr schwierig sein und öffnet Missverständnissen Tür und Tor. In welcher Gemütslage sind die Gesprächspartner? Welche Gedanken sind mit im Spiel? Für ein gutes Gespräch braucht es immer eine störungsfreie Basis. Wenn ich gerade eine komplizierte Tätigkeit am Computer ausübe, bin ich kaum in der Lage, gleichzeitig eine Frage meines Ehepartners oder meiner Ehepartnerin zu beantworten. Meine Aufmerksamkeit ist auf die Arbeit am PC gerichtet. Wer kann da schon richtig zuhören?

Gute Kommunikation braucht einerseits eine akustisch hörbare, klare Sprache sowie andererseits offene Ohren. Wesentlich ist jedoch die innere Bereitschaft zum Verstehen. Ideale Rahmenbedingungen finden wir in den alltäglichen Kommunikationsphasen eher selten, weil wir Menschen ausgeprägt individuell und sehr stark ichbezogen unterwegs sind. Da wächst das Gefühl: Mir wird nicht richtig zugehört. Mein Anliegen wird nicht wahrgenommen. Darunter leiden zwischenmenschliche Beziehungen, egal auf welchen Ebenen. Unsere Gefühle pendeln hin und her. Sie enden entweder im resignierten und strafenden Schweigen oder sie suchen ein Ventil nach außen.

Ein stiller Rückzug mit ablehnenden Gesten ist eine Verhaltensform, die gern praktiziert wird. Doch das innerliche Schmollen und die Gedanken „Die spinnt wohl" oder „Dem werde ich es zeigen" bringen keine Lösung, sondern verschärfen eher den Konflikt. Ärger und Wut, die ich aus mir nicht herauslasse, potenzieren sich in mir und vergrößern mein eigenes Leiden. Damit schade ich mir selbst, obwohl ich eigentlich den anderen bestrafen wollte. Meine Rachegelüste richten sich im Schweigen gegen mich selbst. Etwa nach dem

Motto: „Mit dir spreche ich nicht mehr, du bist mir egal. Du kannst mich mal." Die andere Verhaltensvariante, eine nach außen aufbrechende Aggression, ist ebenfalls nicht förderlich, um den Konflikt zu lösen. Ja, der Streit wird sich eher verstärken, wenn Aufregung und Wut zu verbalen Beleidigungen und Angriffen verführen. Solche Reize sind ansteckend und können zu einem heftigen Gefecht führen, so als flögen spitze Pfeile hin und her. Dabei rückt der eigentliche Anlass, ein missverständlicher Ausdruck oder eine falsch verstandene Äußerung, völlig ins Abseits. Alle Beteiligten leiden und möchten eigentlich doch nur verstanden werden.

Alle Streithähne wissen, dass es eine Versöhnung geben muss, um die ersehnte Harmonie zurückzugewinnen. Doch welcher Weg ist möglich? Und wer macht den ersten Schritt? Hier fällt mir das Sprichwort ein: „Der Klügere gibt nach." In einer Auseinandersetzung mutig zu sagen: „Stopp, was machen wir hier eigentlich? Wozu führt dieser Streit? Wie kommen wir zu einer Lösung?" Solche Einsichten werden selten mit zielführenden Worten ausgedrückt. Nach einem Innehalten kann jedoch viel leichter zu einer sachlichen Klärung zurückgefunden werden. Es ist ein Neustart. Aber nicht einfach, weil nachzugeben oder einen Fehler einzugestehen als Schwäche interpretiert werden könnte. In der Wirkung zeigt das Eingestehen persönliche Stärke und wird mit dem beglückenden Gefühl der Aufrichtigkeit belohnt. Einen beendeten Streit, eine Versöhnung, empfinden Menschen als eine wohltuende Erlösung. Das Friedenschließen wird als Befreiung von einer schweren Last empfunden.

Alle Menschen leben das „Ich" und brauchen immer wieder das „Du". Lebenssinn finden wir nicht in der stillen Einsamkeit, sondern in einem funktionierenden Miteinander. Wir brauchen ein Gegenüber, dem wir unsere Sorgen, Gedanken, Wünsche oder Ängste anvertrauen dürfen. Dem wir sagen können: „Schön, dass es dich gibt." Wir brauchen Menschen, die zu uns sprechen, die uns mit Rat und Tat ehrlich zur Seite stehen. Wir suchen Tröster und Mutmacher, wenn wir resigniert, krank oder traurig sind. In Partnerschaften, Familie oder in guten Freundschaften wird diese Art des Zuspruches überwiegend liebevoll, fürsorglich, ehrlich und vertrauensvoll gelebt. Das funktioniert, aber nicht permanent, weil wir unsere persönlichen Eigenarten nicht einfach abstellen können. Egal, in welcher Beziehung Menschen zusammenkommen, immer begegnen sich mindestens zwei unterschiedliche Individuen mit ihren ganz eigenen Mentalitäten und Denkweisen. Selbst in der Ehe oder in einer Lebenspartnerschaft, in der zwei Personen sich wirklich aus dem Herzen heraus lieben, ihre Eigenarten kennen und achten, gehört das Reiben um Klärung wie selbstverständlich zum Alltag.

Bei einer ökumenischen Trauung hörte ich den Pfarrer sagen: „Ich wünsche euch für das Miteinander ein gutes Streiten, aber lasst das Zanken sein." Streit definieren wir allgemein als kämpferische Auseinandersetzung um eine Position oder um einen Besitzanspruch. So mancher Konflikt endet vor den Gerichten oder er bleibt über Jahre als Beziehungsstörung unversöhnlich und belastend existent. Wo Menschen offen, ehrlich und nicht dominierend um die unterschiedlichen Positionen ringen, führt die Auseinandersetzung zu akzeptablen Lösungen für alle Beteiligte. Gerade bei konfliktreichen Gesprächen führt das intensive Hinhören sowie das Sich-Einlassen auf die gegnerischen Argumente auf den Weg zu einer einvernehmlichen Lösung. Andere haben auch gute Ideen und ich kann davon lernen und profitieren. Wer sich Andersdenkende zum Freund, statt zum Feind macht, der gewinnt einen Verbündeten. Die Wendung in einem Konflikt wird somit als bereichernd empfunden. Wenn aber Streit als sogenanntes Zanken verstanden wird, dann ist das kontraproduktiv. Das Zanken, so die Definition des Pfarrers bei der Trauung, ist hinterlistig und sucht nicht die gemeinsame Basis.

In den Familien ist das Beziehungsband zwischen Eltern und Kindern manches Mal völlig zerrissen. Über Jahre wird nicht mehr miteinander gesprochen. Es ist sehr hart und tief verletzend, wenn ein Vater sagt: „Ich habe keinen Sohn mehr." Oder wenn der Sohn sagt: „Ihr seid nicht mehr meine Eltern." Ein Beziehungsbruch, der auf beiden Seiten häufig über Jahre einen seelischen Schmerz verursacht und der nicht selten krank macht. In der Katholischen Kirche sprechen die Gläubigen vor dem Empfang der Kommunion das Gebet: „O Herr, ich bin nicht würdig, dass du eingehst unter mein Dach, aber sprich nur ein Wort, so wird meine Seele gesund." In dem Buch: „Wunden der Seele" beschreibt Dr. med. Hammerskrön viele Fälle aus seiner ärztlichen Praxis, bei denen ihm deutlich geworden ist, dass die Ursachen vieler Krankheiten in einer seelischen Verletzung liegen. Zum Menschsein gehört nicht nur ein Körper, sondern auch eine Seele, die religiös angebunden ist und ihre ganz eigenen Bedürfnisse hat. Da, wo Menschen ihre Seele verkümmern lassen, werden sie nicht selten krank. Bei den zitierten Worten „Sprich nur ein Wort, so wird meine Seele gesund" geht es um Heilung oder, anders gesagt, darum, etwas Zerstörtes wieder in Ordnung zu bringen.

Ablehnung oder versagte Anerkennung und Liebe lässt den Graben zum Gegenüber immer tiefer werden. Es ist eine unerträgliche Situation, der wir dauerhaft gesundheitlich nicht gewachsen sind. Wenn Vater und Sohn sich nach Jahren wieder aufeinander zubewegen, indem sie über ihr Zerwürfnis und dessen Ursachen, nicht selten nur Missverständnisse, vorwurfsfrei sprechen und sich schließlich versöhnt in den Arm nehmen, werden beide Seiten von einer schweren seelischen Last befreit. Die Heilung der Trennung, des Abgeschnittenseins, ist wie das Zuwachsen einer körperlichen Wunde. Verzeihen und Versöhnen nach einer Beziehungsstörung führt immer zu einem befreienden Gefühl. Doch wer macht den ersten Schritt? Unabhängig davon, wie tief die seelische Verletzung zugefügt wurde, es braucht schon viel Kraft und Größe, um für den ersten Schritt bereit zu sein. Im Stillen warten beide Seiten darauf, dass der andere ihm entgegenkommt. Ohne Worte, ohne Aufbruch zueinander bohrt sich der seelische Kummer immer tiefer ins Mark der Emotionen. Je nach persönlicher Mentalität und innerer Stabilität können seelische Lasten sehr unterschiedlich ertragen werden. Da gibt es die nach außen Starken, die coolen Typen, die sich nichts anmerken lassen, die aber im Innern sensibel sind. Wenn solche Menschen scheinbar plötzlich zu einer Verzweiflungstat wie dem Suizid fähig sind, wird gesagt: „Das hätte ich mir absolut nicht vorstellen können." Wie sich ein Mensch fühlt, zeigt er weniger in Worten, sondern mehr durch sein Verhalten. Unsere Wahrnehmungen sind mehr auf das äußerlich Erkennbare gerichtet und nicht so sehr auf die gesendeten Zwischentöne. Gelegentlich ist zu hören: „Ich wollte euch mit meinen Problemen nicht belasten." Eine nicht förderliche Bescheidenheit oder Rücksichtnahme, zumal hierdurch neue Missverständnisse und damit Beziehungsstörungen erwachsen.

Eine gute Beziehung lebt von einem ehrlichen und respektvollen Miteinander. Die Offenheit gehört dazu. Ich kann ein Geheimnis wie einen Schatz hüten, doch irgendwie spürt mein Gegenüber, dass es da noch etwas gibt, über das ich noch nicht gesprochen habe. Ein solches Gefühl lässt Vertrauen schwinden und stellt sich beziehungshemmend in den Weg. Ein bohrendes Nachfragen wird mit Ausreden oder Lügen beantwortet. Früher sagte meine Mutter: „Lügen haben kurze Beine." In der Tat, wie oft hatte ich etwas verschwiegen, was später doch herauskam. Und immer, wenn ich mich mit der Wahrheit konfrontiert fühlte, lief ich im Gesicht rot an. Eine peinliche Situation. Unsere Körpersprache tut sich schwer, an Unwahrheiten festzuhalten. Was Worte nicht sagen, verraten unbewusst unsere Gesten. Kriminelle Täter reagieren nach langer Verfolgung oder Ermittlung erleichtert, wenn sie ein Geständnis ablegen können. Das Leben mit einem verborgenen Fehlverhalten, mit einer verbrecherischen Tat oder mit der Unwahrheit empfinden die meisten Menschen als Belastung. Die Heidenangst, die Wahrheit könnte ans Tageslicht kommen, ist recht groß. Und Furcht, wovor auch immer, ist eine bedrückende Last und lässt Lebensfreude schwinden.

Ein Sprichwort sagt: „Ein Ende mit Schrecken ist besser als ein Schrecken ohne Ende." In meinem Berufsleben als Kreditberater in einer Bank habe ich mehrmals erlebt, wie Unternehmen wegen Zahlungsunfähigkeit Insolvenz anmelden mussten. Ursächlich waren in der Regel unzureichende Gewinne, die nach und nach das Eigenkapital reduzierten. Da, wo über Jahre trotz eingeleiteter Sanierungsmaßnahmen die Betriebsausgaben die Summe der Betriebseinnahmen überschreiten, bleibt in der Regel nur noch die Insolvenz. Ich habe keinen Unternehmer erlebt, der leichtfertig das Scheitern seiner Existenz herbeigeführt hat. Über einen längeren Zeitraum haben alle in der Krise nach erdenklichen Möglichkeiten zur Unternehmensrettung gesucht. So manche schlaflose Nacht wird gegrübelt. Der Druck aus der Verantwortung für die Mitarbeiter sowie für die Existenz der eigenen Familie heraus war enorm belastend. So habe ich es mehrfach mitbekommen. Wenn mehrere Jahre zwischen Hoffen und Bangen mit so viel Stress erlebt werden, dann wirkt der Endpunkt „Insolvenz" als Erlösung. Ein Unternehmer sagte mir: „Gott sei Dank, gut, dass es jetzt zu Ende ist." Für uns Menschen, ob im geschäftlichen, gesellschaftlichen oder im privaten Bereich, ermöglicht ein Desaster meistens einen Perspektivwechsel mit neuer Hoffnung. Es gibt den Ausspruch: „In der Krise liegt auch immer eine Chance." Meine Lebenserfahrung sagt mir, dass es manchmal vorteilhaft oder gar notwendig ist, etwas zu beenden. Nur so kann Neues entstehen.

Der Impuls oder der Druck zum Handeln, zur neuen Freiheit, wird uns oftmals von außen gegeben. Gewohntes und Vertrautes gibt uns ein Stück Geborgenheit und Sicherheit. Das ist auch gut und wichtig im Leben. An viele angenehme Dinge haben wir uns über Jahre gewöhnt und wir möchten sie selbst auch nicht in Frage stellen. Wer verzichtet schon gern auf Annehmlichkeiten und Anerkennung? Das macht neue Wege oder den Aufbruch zu neuen Taten ja so schwierig. Doch wie wir uns selbst in unserer Persönlichkeit, mit unserem Lebensstil oder auch mit unserem älter werdenden Körper entwickeln, so unterliegt auch unsere Gesellschaft, ja, sogar die Natur, einem ständigen Veränderungsprozess. Lebendigkeit heißt auch immer Veränderung mit einem Loslassen und dem Beginn von etwas Neuem. Das schließt die Geburt eines Kindes ebenso ein wie unsere Endlichkeit auf Erden.

In unserem Leben können wir eine Menge eigenständig tun. Trotzdem sind wir immer wieder froh und dankbar, wenn uns Unterstützung von anderen zuteilwerden. Insbesondere auch die immateriellen Zuwendungen wie Beistand und Trost, Mut und Hoffnung machen, Rat und Tat, aber auch Appelle und Warnungen. Was uns guttut, nehmen wir gern und selbstverständlich an. Wir empfinden es als stärkend und bereichernd. Insbesondere, wenn wir das Gefühl haben: Es geht nicht weiter. Nie geht es auf unserem irdischen Weg nur geradeaus oder immer nach oben. Das Auf und Ab, auch Freud und Leid gehören zum Wechselspiel menschlicher Lebendigkeit. Gerade junge Leute sind bei der Suche nach ihrer persönlichen Identität immer wieder extremen Grenzerfahrungen ausgesetzt. In der Pubertät ist der Rat der Eltern wenig gefragt, man möchte selbst dieses und jenes ausprobieren. So mancher Jugendliche macht bei der Suche seines Weges leidvolle Erfahrungen, die aber lebenswichtig sein können. Aus eigenen Fehlern zu lernen, macht für das ganze Leben stark. Was ich einmal falsch gemacht habe, vergesse ich kaum. Es bleibt in Erinnerung. Ja, ich bin wieder um eine Erfahrung reicher. Fehler machen stark und sind ja sehr menschlich. Und wer Fehler ohne Taktieren und Lüge offen bekennt, der nimmt seinem Gegenüber den Wind aus den Segeln. So kann die Schwäche zu einer Stärke verwandelt werden. Auch ein schönes Gefühl.

MENSCHEN BRAUCHEN BÜHNEN DER AUFMERKSAMKEIT. MACHT UND EINFLUSS HABEN IMMER EIN ABLAUFDATUM

Die Wörter „aussehen" und „einsehen" sind in unserem Sprachgebrauch immer wieder präsent. Wer möchte nicht gut aussehen? Komplimente wie „Du siehst wieder blendend aus" sind wie Balsam für die Seele und werden gern gehört. Ein positives Feedback verändert unsere Gemütslage und den Gesichtsausdruck wie durch ein Wunder. Der Mundwinkel hängt nicht mehr resigniert nach unten, sondern richtet sich nach oben auf. Solche Zeichen kennen schon die kleinen Kinder und auf WhatsApp oder in Mails ist das Hinzufügen solcher Smileys sehr beliebt. Bei wohltuenden Botschaften wächst von innen heraus ein freundliches und strahlendes Lächeln. Das ist keine äußerlich aufgelegte Maske, sondern durch positive Gefühle von innen geprägt. Wo der Mensch sich freundlich, ehrlich und angenommen fühlt, da kann er sich öffnen und mit einem Lächeln antworten. Eine vertraute und verständnisvolle Atmosphäre gibt auch Raum, um sich anzuvertrauen und auszusprechen. Bei Enttäuschungen und Ängsten reagieren wir eher zurückhaltend vorsichtig bis hin zur Verschlossenheit. Ja nichts von sich preisgeben. Das könnte missverstanden oder ausgenutzt werden. Wie stark eine solche Angst präsent ist, hängt von Erfahrungen und der individuellen Mentalität ab. Vorwürfe und Negativsignale umgeben uns täglich unzählige Male. Jeder ist Empfänger, aber auch mal Sender. So ist die Menschheit seit Tausenden von Jahren.

Das menschliche Bedürfnis verlangt nach angenehmen Signalen wie Aufmerksamkeit, Bestätigung, Lob und Zuspruch. Um diesen grenzenlosen Hunger zu stillen, werden kreativ und vielfältig Duftmarken gestreut, die in der Außenpräsenz wirken sollen. Mit dem äußeren Erscheinungsbild will der

Mensch punkten und die Blicke auf sich lenken. Menschen wollen zeigen, was sie haben, was sie können oder was sie sind. Schon kleine Kinder sind stolz, wenn sie ihren Eltern oder dem Besuch etwas vorführen oder zeigen können. Ein Lob oder ein Applaus ist ihnen in der Regel auch sicher. Das tut gut und stärkt das Selbstbewusstsein.

Besitz, Einfluss und Macht finden ihren Wert wohl nur in der Spiegelung von anderen. Dabei sind Übertreibungen und Lügen an der Tagesordnung. In puncto Aussehen bewegen sich die meisten Frauen und Männer regelrecht wie auf einer Showbühne und spielen ihre ganz eigene Rolle. Und wie auf der richtigen Bühne, geht es um das Rampenlicht und den Applaus. Solche emotional stärkenden Momente sind für das Leben unverzichtbar.

Politiker, Manager, Vereinsvorstände oder andere Funktionsträger, die sich über viele Jahre an Macht, Einfluss und Ansehen gewöhnt haben, werden von einer Angst vor dem Aufhören begleitet. Nicht mehr in vorderster Front mitzuwirken und weniger gefragt zu sein, ist für Menschen, die lange öffentlich agiert haben, nicht einfach. Ich selbst war über 20 Jahre im Vorstand eines Schützenvereines und davon 15 Jahre der Vorsitzende mit vielen öffentlichen Auftritten. Ja, ich habe das gerne und mit Erfolg gemacht und es hat mir sehr gefallen. Mein Aufhören und Abtreten von der Schützenbühne wollte ich jedoch vorausschauend und selbst entscheiden. Mein Abtreten habe ich mehr als ein Jahr vorher angekündigt und die Übergabe an einen Nachfolger konstruktiv in Kooperation mit dem Vorstand gestaltet. So konnte ich mich mit rückblickender Zufriedenheit und mit Dankbarkeit von meiner Aufgabe lösen.

Jeder Arbeitnehmer, egal ob Arbeiter, Angestellter oder Beamter, spürt einen Einbruch beim Eintritt in die Rente oder Pension. Ein über Jahrzehnte eingespielter Tagesablauf zwischen Arbeit, Familie und Freizeit gilt von heute auf morgen nicht mehr. Da wurde die große Freiheit, nicht mehr arbeiten zu müssen, ersehnt und der letzte Arbeitstag richtig gefeiert. Doch die Arbeitsphase war auch eine wichtige Bühne für Erfolg und Anerkennung. Wenn dieser Vorhang für immer geschlossen ist, braucht der Mensch anderweitige Auftritte, um sich positiv spiegeln zu können. Deshalb ist eine gute Vorsorge für den beruflichen Ruhestand unverzichtbar. Und das Feld der Möglichkeiten ist riesig. Für meinen Renteneintritt hatte ich eine To-do-Liste gemacht und mir verschiedene Beschäftigungen vorgenommen. Ich wollte lernen, Gitarre zu spielen und habe einige Monate Einzelunterricht genommen. Dann musste ich jedoch erkennen, dass mir meine recht kurzen Finger beim Greifen der Akkorde Schwierigkeiten machten. So habe ich den Versuch aufgegeben und für mich als Erfahrungswert abgehakt. Bis heute habe ich diverse Aktivitäten im Ruhestand teils mit hohem Zeitaufwand, jedoch stets mit Freude und Erfolg, ausgeführt. Das stärkt mein Engagement und beflügelt meine Zufriedenheit. Etwas schaffen und für andere da sein ist wesentlich für meinen Lebenssinn und macht mich sehr glücklich. Es waren auch mehr als 50 Jahre für mich Bausteine für eine stabile Gesundheit.

Zu Hause Kartoffeln zu schälen oder den Staubsauger durch die Wohnung zu schieben, ist für Ehemänner eher ungewohnt. Eine intensivere Beteiligung bei der Bewältigung der vielen Aufgaben daheim wird von der Ehefrau oder Lebenspartnerin als Wunsch oft geäußert. Doch auf diesem Ohr zeigen sich Männer gerne taub oder lenken mit Ausreden ab.

Dass der Ehemann morgens nicht mehr wie gewohnt um 7 Uhr die Wohnung verlässt und vielleicht um 9 Uhr immer noch mit der Zeitung am Frühstückstisch sitzt, ist auch für die Ehefrau eine neue Situation und bedarf veränderter Sichtweisen und Absprachen. Wenn Gewohnheiten sich ändern, hat dieses immer auch Einfluss auf das Miteinander in einer Partnerschaft. Auf eine veränderte Situation kann sich der Mensch einlassen oder auch ablehnend reagieren. So hilft nur noch das Gespräch mit dem Austausch von Argumenten und letztlich die Einigung in einem Kompromiss. Den Mund halten um des lieben Friedens willen ist generell keine gute Lösung. Es wirkt eher wie ein vorübergehender Waffenstillstand. Eine emotional existierende Unzufriedenheit lässt sich nicht totschweigen. Im Untergrund brodelt sie weiter und taucht bei ähnlicher Situation wieder auf. Ein Problem auszusitzen, funktioniert in der Regel nicht. Gefragt ist stets eine offene und sachliche Aussprache.

Auch in der Ruhestandsphase brauchen Männer und Frauen sinnvolle Beschäftigungen und eine Tagesstruktur. Denn nur so erhalten sie ihren persönlichen Selbstwert und die unverzichtbaren Erfolgserlebnisse. Das gilt für die komplette Familienmannschaft. Möglichkeiten der sinnerfüllenden Beschäftigung gibt es reichlich. Regelmäßige sportliche Betätigungen an der frischen Luft, Intensivierung der bisherigen Hobbys, Lesen und Reisen, Studium im Alter und vieles mehr sind gute Ergänzungsmittel für die Gesundheit, ohne Nebenwirkungen. Neben den Zeiten des Miteinanders braucht der Einzelne aber auch sein persönliches Zeitbudget, über das er selbstbestimmt entscheiden kann.

Wie der altersbedingte Ruhestand, so sind auch so manch andere Lebensereignisse für die Familie, Ehe oder Lebenspartnerschaft nicht unerwartet plötzlich präsent. Viele Dinge des Lebens können nach reiflicher Überlegung oder Prüfung in Ruhe entschieden und vorbereitet werden. Die Kinder werden erwachsen und gehen auch wohnungsmäßig ihre eigenen Wege. Mit jedem weiteren Jahr des Älterwerdens wächst ein Kleinkind in die Selbständigkeit und braucht und will nicht mehr die steuernde Hand von Mama oder Papa. Das zu erkennen und zu akzeptieren, ist für Eltern immer eine besonders schwierige Herausforderung. Erwachsenwerdende Kinder wollen in die Selbständigkeit, in ihre persönliche Freiheit losgelassen werden. Da mag das Einsehen der Eltern, auch aus ihrer eigenen Kindheitserfahrung, noch präsent sein. Die Umsetzung des akzeptierten Loslassens wird emotional von der Sorge um das Wohl der Kinder erschwert. Väter und Mütter sehen einerseits die Notwendigkeit, das Kind in seine Eigenständigkeit zu entlassen. Anderseits zeigen sich im Alltag konkrete Hindernisse und Meinungsverschiedenheiten zwischen Mutter und Vater. Für ein dauerhaft harmonisches Miteinander zwischen Eltern und Kindern gibt es nur den einen Weg: Loslassen und sich an die eigene Pubertät erinnern. Mit einem großen Vertrauen und einer Portion Toleranz kann es gelingen. Das Kind erhält so die Chance, für sich sukzessive die Eigenverantwortung zu übernehmen. Es übernimmt das, was ihm zugetraut und überlassen wird. Helikopter-Eltern, die ihre Kinder per Handy überwachen und sie permanent mit dem Auto zur Schule oder zu ihren Freizeitbeschäftigungen fahren, rauben den Kindern eine wichtige Lebenserfahrung. Mit dem Fahrrad fahren, draußen Wetterlagen von nass bis warm und kalt erfahren, fördert die Vitalität und stärkt die Widerstandsfähigkeit. In meiner Kindheit musste ich täglich 1,3 km bei Wind und Wetter zu Fuß zur Schule. Das war damals selbstverständlich und hat rückblickend meine Vitalität gestärkt. Eine gute Vorbereitung für mein Leben, in dem ich Arbeit und Anstrengung nie als Last, sondern als beglückend empfunden habe.

Die Problematik des „Nicht-Loslassen-Könnens" ist auch in vielen kleinen und mittelständischen Unternehmen vorhanden. Da hat der Vater oder die Mutter die Firma über Jahrzehnte mit viel Fleiß und Verantwortung aufgebaut und geleitet. Für die Unternehmensnachfolge ist beispielsweise der Sohn schulisch und beruflich gut vorbereitet. Er ist bereits 35 Jahre alt und arbeitet schon seit vielen Jahren in der Firma seiner Eltern. Die Firmenleitung hat nach wie vor der Vater allein und er trifft auch die wesentlichen Entscheidungen ohne Einbindung seines Sohnes. Darüber ärgert sich der Sohn und er widmet sich aus Frust verstärkt seinen Hobbys. Das wiederum ärgert den Vater und er hält sich zunehmend für unverzichtbar in der Firma. Eine solche Kettenreaktion führt zu einem massiven Konflikt, worunter sowohl der Sohn als auch der Vater leidet. Ein solches Generationenproblem wirkt negativ in das Unternehmen hinein und hat schon manche Firma in eine wirtschaftliche Krise geführt. Beim Unternehmensrating, das Banken für eine Kreditvergabe erstellen, werden auch die Situationen der Unternehmensführung und einer möglichen Nachfolgeregelung einbezogen.

In familiengeführten Betrieben kann auf eine weitsichtige und geordnete Nachfolgeregelung nicht verzichtet werden. Wie Senior und Junior in einer Firma ein gutes Team bilden, entscheidet sich im partnerschaftlichen Miteinander. Der Senior braucht das Einsehen, dass er seinen Sohn nicht wie ein kleines Kind behandeln darf, sondern wertschätzend und mit Vertrauen. Und der Sohn darf nicht ignorieren, dass ergänzend zu seinen modernen Managementfähigkeiten auch die Erfahrung und die Leistung seines Vaters eine wertvolle Leitungskomponente sind. Wenn Junior und Senior als partnerschaftliches Team ein Unternehmen leiten, so brauchen sie beide auch immer ihre eigene Bühne, um den ersehnten Applaus zu bekommen. Für den Senior des Unternehmens wächst nach und nach das Einsehen: „Es kommt bald der Zeitpunkt, an dem ich loslassen und mich beruhigt aus der Firma zurückziehen kann."

Eine ähnliche Situation habe ich mehrfach in der Bank erlebt. Da gab es beispielsweise eine 85-jährige Seniorchefin, die bei wichtigen Entscheidungen immer noch gefragt werden wollte und zudem auch noch Eigentümerin eines zu bebauenden Grundstückes in einer großen Stadt am Rhein war. Mit dem Juniorchef wurde die Finanzierung einer größeren Neubaumaßnahme sehr umfassend besprochen. Die wirtschaftlichen Rahmenbedingungen und der recht hohe Eigenkapitaleinsatz für die Neubaumaßnahme machten die gewünschte Mitfinanzierung über einen Kredit mit einer Laufzeit von 30 Jahren unproblematisch. Nach der Kreditgenehmigung wurde ein gemeinsamer Termin für die Unterzeichnung der

Verträge vereinbart. Der Juniorchef hatte die vertraglichen Details einvernehmlich mit seiner Mutter als Eigentümerin und Darlehensnehmerin vorbesprochen und sie hatte den Vertragstext auch selbst gelesen. Jetzt ging es nur noch um die Unterschrift unter das Vereinbarte. Doch dann blockierte die Seniorchefin das Ganze mit erregter Stimme: „Nein, das unterschreibe ich nicht. Die Laufzeit ist mir zu lang." Eine solche Reaktion war unverständlich, zumal wenige Minuten vorher die Seniorchefin den Kreditvereinbarungen mündlich bereits zugestimmt hatte. Auch der Sohn war völlig überrascht und sagte zu, diesen Punkt in der Familie noch einmal zu besprechen.

Ich selbst hatte zu keinem Zeitpunkt in dem Gespräch mit der 85-jährigen Dame den Eindruck, dass sie die Vorgänge nicht verstehen würde. Sie verfügte über ausgesprochen fundierte Sachkenntnisse, zumal sie selbst über Jahrzehnte mit Immobilieninvestitionen und Finanzierungen beschäftigt gewesen war. Für mich gab es nur eine Erklärung: Die 85-Jährige spürte eine große Unsicherheit und Furcht, noch einen Vertrag abzuschließen, der ihre persönliche Zeitvorstellung weit überschritt. Bei einer Kreditlaufzeit von 30 Jahren müsste sie ja 115 Jahre alt werden, um das noch zu erleben. Ihre Angst führte zur Unterschriftsblockade.

Eine ähnliche Angst oder Reserviertheit habe ich schon mal bei anderen Kreditnehmern erlebt, die trotz ihres fortgeschrittenen Alters ihre Immobilien und die damit verbundenen Finanzierungen noch nicht in die Hand der Kinder gelegt hatten. Mangelndes Vertrauen in die Kinder dürfte eher nicht das Motiv sein. Ein Bekannter sagte mir einmal: „Es ist doch besser, ich gebe meinen Kindern mit warmer Hand, statt mit einer kalten Hand." In der Tat, wenn die Hand die Kälte des Todes erreicht hat und für die Hinterbliebenen keine gerechte und transparente Erbregelung getroffen ist, dann verursacht die kalte Hand noch Streit über den Tod hinaus und gelegentlich auch bis vor die Gerichte. Mit einer warmen Hand sein Vermögen loszulassen, hat mehrfache Vorteile. Wo beispielsweise vermietete Häuser oder andere Immobilien vorab schon auf die Kinder übertragen werden, kann dieses einvernehmlich in Absprache mit den Kindern und ohne Zeitdruck bei Erhalt und Förderung des Familienfriedens geschehen. Die Kinder fühlen sich beschenkt, auch wenn Nießbrauchrecht oder Wohnrecht bei Mutter oder Vater bleiben können. Das positive Gefühl der Kinder als Beschenkte wird auf die Person des Gebenden zurückgespiegelt. Hinzu kommt, dass mit Übertragung einer Immobilie die damit verbundene Arbeit und Verantwortung auf die Kinder übergehen kann. Dadurch kann sich auch eine Entlastung, eine Befreiung für den Schenker ergeben. Und es gibt die freie Entscheidung, durch Übertragung von Immobilienvermögen auf die Kinder, sich von einer Pflicht zu entlasten. Beispielsweise wenn die Wohnungsverwaltung krankheits- oder altersbedingt als bedrückende Last empfunden wird. Eine solche Entlastung setzt jedoch das Einsehen und den ernsthaften Willen voraus.

Das Motiv für das Festhalten von Macht und Besitz liegt auch in der Annahme, hierüber eine möglichst hohe Wertschätzung für die Persönlichkeit zu erreichen. Das entspricht zwar dem gesellschaftlichen Allgemeinstreben und Verhalten, ist aber auch trügerisch und kann fatale Folgen haben. Viele folgen meist unbewusst ihrer Gier nach immer mehr. In der Umgangssprache heißt es: „Der kann seinen Hals nicht vollkriegen." Gemeint ist das Immer-weiter-in-sich-Hineinfressen ohne Sättigungsgefühl und so lange, bis man daran erstickt. Eine Maßlosigkeit, die schon viele durch Blindheit im Rausch wieder ganz nach unten geführt hat. Etwa nach dem Motto: „Wer sehr hochsteigt, der kann auch tief fallen."

Der Mensch an sich ist eine Persönlichkeit und die sollte nicht danach bemessen werden, was er hat oder welche Position er ausübt. Das ist jedoch weitgehend eine Wunschvorstellung, denn der Einzelne bewertet sich sehr wohl im Vergleich zu anderen. Schon das Kleinkind schaut und entdeckt bei anderen Kindern, was es selbst nicht hat und daher haben will. Beim Zanken kleiner Kinder geht es fast immer um das „Habenwollen". Dieses Grundmuster wird auch im Erwachsenenalter nie ganz aufgegeben. Es wird zwar verstärkt der Gerechtigkeitsgedanke gelebt, doch das „Habenwollen" äußert sich zunehmend durch Arbeit und Ehrgeiz sowie auch durch Raffinesse, Schlitzohrigkeit und Taktieren. Eine Ellenbogenmentalität und ein egoistisches Durchsetzen stören jedoch das Miteinander und führen letztlich zur eigenen Ausgrenzung und Isolation. So manche angehäuften Besitztümer und Machtpositionen werden mit dem hohen Preis der Einsamkeit bezahlt. Dass es das nicht wert ist, erkennen einige erst im Nachhinein.

Das Streben nach Macht und Besitz ist weltweit vorhanden und ist ja auch der Motor für Wachstum, Entwicklung und vieles mehr. Doch immer mehr Menschen haben bei einem solch übertriebenen Streben unter dem Aspekt der Nachhaltigkeit sehr große Bedenken. Die Schattenseiten einer immer nur wachstumsorientierten Ausrichtung werden zunehmend stärker wahrgenommen. Von innen heraus kommt es zu dem Einsehen, dass es mehr gibt als Macht und Wohlstand. Kinder und Jugendliche nennen in Befragungen mehrheitlich die Familie als das Wichtigste. Was gerade hier der nachwachsenden Generation geschenkt wird, sind unbezahlbare, urmenschliche Werte. Auch wenn das Familienleben nie richtig perfekt ist.

Das primäre Klammern an Besitz und Geld vermittelt nicht das Gefühl von Erfolg. Wer sein Geld aktiv einsetzt und damit wirtschaftet, kann sich an den Früchten erfreuen. Doch mehr Freude kommt auf, wenn andere daran teilnehmen können. Auch diese Erkenntnis ist belegt. Ein Lottogewinner, der großzügig sein Geld für sich verprasst, wird dieses Gefühl des Schenkens wohl kaum erleben. Ein maßloser und egoistischer Umgang mit seinem Gewinn macht ihn blind. In seinem Rausch merkt er kaum, wie das Ende naht. Wie gewonnen, so zerronnen. Wie aus heiterem Himmel fällt er plötzlich in große Armut. Ein Kaufrausch hemmt die Wahrnehmung der Wirklichkeit. Gut gemeinte Ratschläge und Mahnungen finden in solchen Situationen wenig Gehör, so dass kaum ein Einsehen möglich ist. Und Angehörige sind in der Regel als Ausgabenbeteiligte mit an Bord.

Wo Menschen Warnsignale und Grenzen nicht sehen oder nicht wahrhaben wollen, kommt früher oder später ein Erwachen mit harten Fakten, die sehr leidvoll sein können. Oft habe ich schon gedacht: „Gut, dass die Schöpfung das Chaos kennt, denn es ist die Tür zu neuen Anfängen." Auch die Sonne muss täglich untergehen, damit wir am anderen Morgen uns über den Aufgang erfreuen. So kommt im Leben in Folge einer Lüge auch die Wahrheit irgendwann wieder an das Tageslicht. Wechselnde Momente und ein Auf und Ab sorgen für Veränderungen und Lebendigkeit. Sie ermöglichen neue Sichtweisen und sind für die Weiterentwicklung der Menschheit Chance und Motor.

WENN MAN ETWAS NICHT WILL, FINDET MAN ARGUMENTE. WENN MAN ETWAS WILL, FINDET MAN EINEN WEG

Dieser Satz stammt von Götz Werner, dem Gründer der Drogerie-Markt Kette „dm", der im Februar 2022 verstorben ist und sein unternehmerisches Handeln erfolgreich geprägt hat. Jeder Mensch hat ein riesiges Potential an geistigen und körperlichen Fähigkeiten, die sehr individuell wahrgenommen und gelebt werden. Im Grunde ist es unsere eigene Persönlichkeit und der Wille mit der daraus erwachsenen Kraft, etwas zu tun oder eben nicht zu tun. Immer wieder haben wir die Möglichkeit, uns für ein „Ja" oder ein „Nein" zu entscheiden. Schon in der Bibel wird das Jesuszitat wiedergegeben: „Euer Ja sei ein Ja und Euer Nein sei ein Nein." Eine sehr klare und konsequente Ansage. Dazwischen liegt das Wischiwaschi, das Herumeiern oder die Entscheidung, etwas zu verschieben, sich zu enthalten oder in die nichtssagende Rhetorik auszuweichen. Mutige positionieren sich und engagieren sich durch Unterstützung und Mitmachen. Oder sie gehen einfach voran. Mutige sagen aber auch klar „nein", wenn es dafür gute Gründe gibt. Mutige wollen Stillstand und Probleme überwinden, indem sie analysieren und weitblickend nach Lösungen suchen. Mutige können auch andere motivieren und begeistern. Daraus erwachsen Unterstützer und Kräfte, die notwendigen Veränderungen eine Chance geben. Bedenkenträger oder Nörgler blockieren und verhindern ein Vorwärtskommen. Letztere dominieren in unserem gesellschaftlichen Leben von der Politik bis in die Familie.

Christoph Kolumbus hätte im Jahr 1492 den Kontinent Amerika nie entdeckt, wenn er nicht daran geglaubt hätte, dass unsere Erde eine Kugel ist und er durch ein Segeln nach Westen auch Indien erreicht. Seine Überzeugung, sein Mut und ein ernsthaftes Wollen gaben ihm die Kraft zum Aufbruch zu neuen Ufern.

Tagtäglich führen wir lange Diskussionen und ringen um Zustimmung oder Unterstützung. Mal geht es um einfache und pragmatische Dinge im Alltag. Wünsche und Interessen sind ganz individuell und suchen jeweils nach Erfüllung. Wenn nur „Ich selbst" betroffen bin, suche ich nach einer Erfüllung im Rahmen meiner Ressourcen. Und da sind wir Menschen sehr kreativ in unserem Vorgehen. Das geht durch Rücksichtslosigkeit, Taktieren und Lügen, aber auch durch Argumente und Mut machen. Als soziale Wesen sind wir immer wieder auf andere angewiesen und suchen das Miteinander oder die Einbettung in die Solidarität. In Notlagen ist unsere Hilfsbereitschaft wesentlich stärker und wir fragen nicht nach einer Gegenleistung. Dann heißt es mutig und zupackend: Da muss ich helfen. Das pragmatische Tun fragt nicht nach Bedenken oder nach dem „Das haben wir immer so gemacht". Wo jedoch das Gefühl aufkommt, ich werde ausgenutzt, folgt der Rückzug mit Ausreden und schließlich einem harten „Nein".

Mentalitäten und Charaktereigenschaften sind wesentlich bestimmend für das Gelingen von Beziehungen. Ein dominanter Charakter will sich behaupten und sucht nach Argumenten für seine Sichtweise. Eine egoistische Person agiert für sich selbst und ist nicht sehr bereit zu einem Kompromiss. Argumente werden ausgetauscht und finden doch kein Gehör. Die Konfrontation wird zum Streit, bei dem es in der Regel keine Sieger gibt. Ich kann mich dann resigniert und schweigend zurückziehen. Mit einer inneren Einstellung „Der oder die kann mich mal" entscheide ich mich zum Rückzug und verzichte auf weitere Konfrontationen. Das Miteinander und ein Ringen um eine faire Lösung machen niemanden zum Verlierer. Sobald aber die sachliche Ebene verlassen wird, kommt es zu persönlichen Angriffen mit emotionalen Verletzungen. In den vielfältigen Beziehungsebenen meines Lebens habe ich mich in der Sache stets intensiv eingebracht.

Meine naturgegebene Empathie war eine gute Basis, um mit Leidenschaft und Intensität im Beruf und in diversen gesellschaftlichen Engagements erfolgreich wirken zu können. Dabei habe ich stets den Grundsatz verfolgt, sachlich gut vorbereitet zu sein und niemals einen Menschen persönlich zu beleidigen. Ein empfehlenswertes Erfolgsrezept ohne emotionale Störungen und eine Win-win-Situation für alle Beteiligten.

Das persönliche und faire Gespräch und die Verhandlung von Angesicht zu Angesicht sind in unserer modernen Mediengesellschaft stark rückläufig. Kommunikationen über die modernen Medien sind unpersönlich und führen schnell zu Missverständnissen über das geschriebene Wort. Verstanden wird zwar das Geschriebene, weniger das Gemeinte und das dahinterstehende Motiv. Auch fehlen die Gesten, die im persönlichen Gespräch ergänzend immer eine ehrliche Botschaft haben. Eine klare, unmissverständliche Sprache, ob im gesprochenen Wort oder in Schriftform, ist ohnehin nicht ganz einfach. Wo Interpretationen oder persönliche Wahrnehmungen Raum bekommen, da haben Missverständnisse, Ärger und letztlich Streit ihren Nährboden.

Auf eine WhatsApp-Nachricht oder auf eine Mail wird heutzutage eine prompte Antwort vom Absender erwartet. Auf informell gesendete Bilder oder kleine Videos soll zumindest mit einem Smiley oder eine Bestätigung wie „großartig" oder „danke" reagiert werden. Das Smartphone oder iPad ermöglichen in unserer modernen Welt eine Live-Kommunikation und das nahezu von allen entferntesten Winkeln unserer Erde und rund um die Uhr. Und wie fast alles im Leben auch eine Schattenseite oder Nebenwirkungen hat, so wird mit der ständigen Live-Präsenz der Empfänger in seiner jeweiligen Arbeit oder Ruhe mit einem akustischen Ton gestört. Komplexe oder schwierige Tätigkeiten brauchen Konzentration. Wichtige Gespräche wollen nicht unterbrochen werden. Kein Mensch möchte von anderen bestimmt oder bedrängt werden. Das muss auch nicht sein. Die Technik zum Ausstellen ist in allen Geräten verfügbar. Ich muss es nur wollen und dann tun. Und das braucht auch Mut, eine mentale Gelassenheit und das Setzen von Prioritäten. Gelegentlich entscheide ich mich für ein konsequentes Schweigen des Smartphones. Beispielsweise in Konferenzen oder Besprechungen. Das Gefühl, ich könnte eine wichtige Information verpassen, ist auch mir nicht fremd. Somit lasse ich mich immer wieder von nicht ausgestellten Pop-ups unterbrechen und öffne aus Neugier die frisch gesendete Botschaft. Ich erlebe es als einen Spagat zwischen meinen Bedürfnissen „Das Neue erfahren" und „Ich möchte jetzt nicht gestört werden". Es braucht eine klare Entscheidung: Was ist mir in diesem Moment das Wichtigste? Nicht immer einfach und doch eine Frage für mein persönliches Wohlergehen ohne Stress und Störungen.

Kommunikation in geschäftlichen Dingen oder mit Behörden läuft heute vielfach über E-Mails. Auch deshalb, weil telefonisch immer seltener ein Kontakt mit einem Menschen möglich ist. Einige Behörden wie beispielsweise die Deutsche Rentenanstalt verschicken Briefe ohne Angabe einer Telefon-Durchwahlnummer oder der Mailadresse der sachbearbeitenden Person. Mit einem kurzen Rückruf oder einer Mail hätte meine Frage schnell geklärt werden können.

Zur modernen Kommunikationstechnik gehört eine automatische Telefonannahme, die den Anrufer durch Drücken einer Ziffer innerhalb des Betriebes oder der Behörde weiterleitet. Bis dann ein menschliches Ohr erreicht ist, kann es häufig noch viel Geduld erfordern. Bei der Deutschen Telekom war ich einmal fast eine Stunde in der Warteschleife. Da ich so lange keine Geduld hatte, habe ich mein Gerät auf laut gestellt und mich zwischenzeitlich anderweitig beschäftigt. Das mag extrem gewesen sein, doch es ist heute üblich und sicherlich kein Zeichen für ein reiches und funktionierendes Land. Ähnliches erleben Patient*innen bei Anruf in einer Arztpraxis. Das lässt sich allein mit dem Fachkräftemangel nicht begründen. Es ist wohl eine Frage der Organisation und des Wollens.

Vor Jahren habe ich eine Personalratsvorsitzende einer kommunalen Behörde gefragt: „Sind eure Mitarbeiter*innen treue Staatsdiener*innen, die Gesetze und Verordnungen kommentarlos umsetzen, selbst wenn sie erkennen, dass die Regelung weder pragmatisch noch gerecht ist?" Nachdem sie mir die Beachtung der Gesetze und Regelungen erwartungsgemäß uneingeschränkt bestätigt hatte, fragte ich sie: „Wie wäre es, wenn jede*r Mitarbeiter*in im öffentlichen Dienst eine intensive Motivation für Verbesserungsvorschläge bekommt, die dann an das verordnende Ministerium weitergeleitet werden?" So könnte dann bedarfsweise das Gesetz oder die Verwaltungsvorschrift innerhalb einer bestimmten Frist nachgebessert werden. Für alle behördlichen Regelungen sollten konkrete Evaluierungsregeln gleich mit beschlossen werden. So könnte der Staat qualitativer und handlungsfähiger werden. In vielen unserer staatlichen Behörden gibt es bereits ein „Betriebliches Vorschlagswesen" mit Prämierungen im Fall der Umsetzung. Verbesserungsvorschläge von Mitarbeitern*innen im Alltag und auf dem kurzen Wege direkt an den Vorgesetzten werden mit einer innerlichen Ablehnung tendenziell eher zurückhaltend behandelt. Dahinter steckt unterschwellig immer noch das hierarchische System von oben und unten. Eine Führungskraft sieht sich primär auch als qualitativ höherwertig und möchte sich von unten nicht belehren lassen. Das mag ein urmenschliches Verhalten sein, doch es ist töricht. Erst im Team mit fairem, offenem Austausch von Gedanken und Ideen wächst der Erfolg. Aussagen wie „Das haben wir immer so gemacht" oder „Das geht aber nicht" blockieren Veränderungen. Ich erinnere mich an ein Sprichwort: „Wer sich nicht bewegt, der wird bewegt." Alles auf dieser Erde ist einem Wandel unterworfen. Daraus ergeben sich immer wieder neue Herausforderungen, die ein verändertes Handeln erfordern. Alle Zeiten haben ihre eigenen Entwicklungen und das sowohl zum Positiven wie zum Negativen. Entscheidend sind immer die Menschen mit ihren

Stärken und Schwächen und die sich daraus ergebenden Verhaltensweisen. Von Zeit zu Zeit sind Korrekturen oder gar Aufhebungen notwendig. Diese zu erkennen, braucht Weitsicht und Mut, um rechtzeitig die Fehlentwicklungen zu korrigieren oder zeitgemäße Anpassungen vorzunehmen.

In unserer parlamentarischen Demokratie werden die Rahmenbedingungen für alle möglichen Lebensbereiche in Form von Gesetzesinitiativen in den Parlamenten festgelegt. Dann folgen die Feinjustierung und Abwägung mit dieser oder jenen bereits bestehenden Regelung. Dazu gehören auch die oftmals nicht nachvollziehbaren Regelungen der Europäischen Union. Ferner wirken personalintensive Ministerien auf Landes- oder Bundesebene mit. Alle, die sich für wichtig halten, wollen mitbestimmen und Einfluss nehmen. Sonst wären sie austauschbar oder verzichtbar. Aus verschiedenen Bereichen kommen Kommentierungen und Ergänzungen, die letztlich in ein komplexes Gesetzeswerk einfließen. Der ganzheitliche Blick für eine pragmatische Umsetzung vor Ort und mögliche Widersprüchlichkeiten mit bestehenden Regelungen werden sehr viel später erkannt. Die heutige Praxis ist doch häufig so, dass erst nach Widerspruch oder Klage von Bürger*innen und Betrieben, nach höchstrichterlichen Urteilen Nachbesserungen durch die Parlamente erfolgen. Bis dahin vergehen Jahre und der Mangel wird zur Routine.

Die enorme Komplexität und die vielschichtigen Zuständigkeiten in unserer föderalen Gesellschaft machen es für die parlamentarischen Entscheider auch sehr schwer. Eine ganzheitliche Betrachtung und das Erkennen der Regelungswirkungen übersteigen tendenziell immer mehr das menschliche Urteilsvermögen. Komplizierte und schwer verständliche Formulierungen sowie Hunderte von Textseiten machen das Erkennen von Nachbesserungsnotwendigkeiten extrem schwierig. Da, wo wir Menschen an unsere Grenzen kommen, soll dieKI (Künstliche Intelligenz) künftig immer mehr eingebunden werden. Technisch ist bereits vieles schon möglich und im Einsatz. Eine 100%ige Perfektion und Sicherheit wird es auch mit der KI nicht geben, weil dahinter immer Menschen stehen, die niemals völlig fehlerfrei sind. Und selbst die intelligentesten Techniken geben keine Garantie für dauerhaft fehlerfreie Funktionen. Bei Unfällen heißt es dann formal „technisches Versagen".

Beim Autofahren richten wir permanent unsere Blicke nach vorne und auch in den Rückspiegel, um den Verkehr und mögliche Unfallgefahren zu erkennen. Zum eigenen Schutz, denn das Fahrziel soll ohne Schaden für Körper und Auto erreicht werden. Moderne Techniken wie Abstandshaltung oder Fahrspurassistent können unterstützend genutzt werden. Die Verantwortung bleibt stets bei Fahrerin und Fahrer. Gegenseitige Rücksichtnahme ist und bleibt oberstes Gebot im Miteinander, wo immer Menschen zusammenkommen. Doch die Spezies Mensch scheint in vielen Bereichen eher egoistischer und rücksichtsloser geworden zu sein. Auch weil Recht und Ordnung in einer so freiheitlichen Demokratie häufig mangels Kontrollen und Ahndungen missachtet werden.

Wenn etwas Neues offeriert wird, dann entwickelt sich häufig eine innere Ablehnung, deren Motiv Angst vor Einschränkung, Verlust oder Benachteiligung ist. Unsicherheit ist immer ein Motiv für Vorsicht bis zur strikten Verweigerung. Menschen fühlen sich wohl in vertrauter Umgebung und sicher bei Klarsicht und Berechenbarkeit. Ängste sind etwas Normales und sie wollen ernst genommen werden. Aufklärung und Ehrlichkeit schaffen Vertrauen. Wo Vertrauen fehlt, finden wir auch schwer eine Zustimmung. Unsere hochmodernen Kommunikationstechniken können vieles. Doch bei der Fülle an täglichen Informationen über diverse Kanäle bleibt das meiste nur im Oberflächlichen. Wir spüren eine tendenzielle Überflutung von Nachrichten und Meinungen. Tatsachen und getroffene Entscheidungen werden von der Nachrichtenfülle und Meinungen überlagert. Selbst Journalisten produzieren plakative Überschriften, weil diese besser vom

Leser wahrgenommen werden als umfangreiche und schwer verständliche Details. Wenn ich eine Woche keinerlei Nachrichten in den Medien höre oder lese, habe ich das Gefühl, ich habe kaum etwas verpasst, weil das gestern gesprochene und geschriebene Wort schnell überholt ist. Interviews oder Absichtserklärungen von Politikern sind zunächst mal nur Worte, aber noch keine Gesetzesverabschiedungen oder finale Beschlüsse.

Bürger und Bürgerinnen sind Persönlichkeiten mit ganz unterschiedlichen Mentalitäten und Fähigkeiten. Daraus erwachsen sehr unterschiedliche Erwartungen und Mitwirkungsanteile für das Zusammenleben in der Bürgerschaft. Das beginnt in der Familie, in die wir hineingeboren werden. Dann geht es weiter in der Nachbarschaft, Schule und Arbeitswelt sowie in der Freizeit. Das bürgerliche Engagement in Vereinen, Interessengemeinschaften und in sonstigen Institutionen bietet viele Möglichkeiten der Mitbestimmung und Mitwirkung. Was wäre unser Land ohne die Männer und Frauen, die durch Ideen und Tatkraft einen Mehrwert für das bürgerschaftliche Leben schaffen? Das gilt auch für alle, die sich in der Politik auf den verschiedenen Ebenen wie Kommune, Land, Bund und Europa mit viel Zeit einbringen. Alle, die sich engagieren und eine Verantwortung übernehmen, bleiben Menschen mit Emotionen, Fähigkeiten und Schwächen. Erwartungen von Perfektion sind zwar verständlich und erstrebenswert, aber wegen der menschlichen Unperfektheit unrealistisch.

Wünsche und Lebensmöglichkeiten der Menschen verändern sich von Generation zu Generation – und das seit den Zeiten der Urmenschen mit aufrechtem Gang. Alles auf dieser Erde ist mehr oder weniger in Bewegung und erfordert permanente Anpassungen.

Beispielsweise wurde mit Gründung der Europäischen Union das „Einstimmigkeitsprinzip" für alle Mitgliedsländer festgelegt. Inzwischen ist die Europäische Gemeinschaft durch die Aufnahme neuer Länder deutlich gewachsen. Das Einstimmigkeitsprinzip für bestimmte Themenbereiche wirkt inzwischen lähmend bis hin zu blockierend. Aus einem kraftvollen Miteinander ist zunehmend ein egoistisches Pokern um Eigeninteressen geworden. Eine Fokussierung auf möglichst hohe EU-Subventionen, insbesondere auch für den Agrarbereich, ist nicht zukunftsfähig. Damit die EU noch handlungsfähig bleibt, bedarf es dringend einer Änderung. Das heutige Einstimmigkeitsprinzip macht die Europäische Union zugleich zu einem schwachen Weltplayer. Wir brauchen dringend eine Anpassung auf Zustimmungsquoten von beispielsweise 75 %. Zudem gebührt dem direkt gewählten Europäischen Parlament eine handlungsstärkende Zuständigkeit. Die Außen- und Verteidigungspolitik der einzelnen EU-Länder bedarf einer stärkeren Einbindung in die Europäische Gemeinschaft. Um weltweit künftig neben den großen Mächten wie China, Indien, USA und Russland macht- und sicherheitspolitisch ernst genommen zu werden, muss Europa mit Handlungsstärke und Einigkeit auf der Weltbühne präsent sein. Ein Weiter so wäre für die Menschen in Europa perspektivisch ein schlechtes Signal.

Wenn etwas Neues angekündigt wird, wachsen das Misstrauen und die Angst vor einer Benachteiligung im persönlichen Bereich oder bei der eigenen Klientel. Andere sollen mehr zahlen oder weniger Zuschüsse bekommen. Bei materiellem Dinge sieht sich jeder Mensch gern selbst als der Nächste. Wir alle haben Rechte und Pflichten. Wohlstand und Reichtum verpflichten zur Solidarität. Wer Not leidet, braucht Unterstützung für ein menschenwürdiges Leben. Die im Herbst 2022 im Bundestag beschlossenen Anpassungen der Hartz-IV-Regelungen unter dem neuen Fördernamen „Bürgergeld" sind mit einer Erhöhung von 449 auf 502 Euro ab Januar 2023 für eine alleinstehende Person angesichts der hohen Inflationsraten unzureichend und beschämend. Auch wenn die Kosten für die Wohnung gesondert berücksichtigt werden, so sind die Unterstützungssätze zu dürftig, um ein einigermaßen würdiges Leben zu führen. Alle Menschen, die aus den sozialen Töpfen der Allgemeinheit ihren Lebensunterhalt mehr oder weniger bestreiten, sollten jedoch wöchentlich, wenn gesundheitlich eben möglich, auf jeden Fall ein paar Stunden arbeiten und ein Zubrot verdienen. Arbeit nicht unter dem Aspekt einer behördlichen Sanktionierung, sondern als Beitrag auf dem Weg zur Stärkung der Selbstachtung. In meiner Tätigkeit als Diakon in der Kirche habe ich Familien kennengelernt, die mehr oder weniger in prekären Verhältnissen lebten. Jahr für Jahr ohne Arbeit und ohne einen geregelten Tagesablauf, das führt zur Resignation. Sie leben hoffnungslos in den Tag hinein und haben den Mut und die Kraft zur Überwindung ihrer schwierigen Situation verloren. Sie haben sich aufgegeben, weil sie für sich keine Perspektiven sehen. Dass arbeitsmäßige Anstrengung und sportliche Betätigung mit Erfolg und Zufriedenheit verbunden sind, erfahren sie kaum. Nur von außen und mit einem zeitlichen Coaching haben sie eine Chance, sich wieder als Teil der Gesellschaft zu fühlen. Menschen in der Langzeitarbeitslosigkeit brauchen eine motivierende Begleitung, und zwar mit einer ausgesprochenen Achtsamkeit. Selbstachtung und das Gefühl „Ich habe eine Würde" lassen sich nicht in Schnellkursen wieder aufbauen. Ja, das kostet sehr viel Geld für unseren Staat. Das ist aber aus meiner Sicht der einzige Weg, um aus dem Potential der Langzeitarbeitslosen möglichst viele wieder in den Arbeitsprozess zu führen. Der Politik wünsche ich hier den „Doppel-Wumms" des Bundeskanzlers Olaf Scholz, mit Mut und Tatkraft.

MUTTER ERDE BRAUCHT UNS NICHT, ABER UNSER LEBEN HÄNGT VON IHR AB!

Der Liedermacher und Sänger Udo Jürgens hat in vielen seiner Songs Klartext gesprochen und uns Menschen den Verhaltensspiegel vorgehalten. Sein Lied „Wir nennen uns die Krone der Schöpfung" hat mich tief berührt und nachdenklich gemacht. Wie mit einem erhobenen Zeigefinger und musikalisch gut in Szene gesetzt, beklagt Udo Jürgens Verhaltensweisen der heutigen Erdenbewohner Mensch. Mit seinem Text „Wir predigen die Liebe und führen täglich Krieg" macht er deutlich, wie unperfekt wir Menschen sind. Udo Jürgens prangert den weltweiten Hunger ebenso an, wie die Verschmutzung der Meere. Seine Hoffnung kommt mit einer offenen Frage an uns, die heute lebenden Generationen: „Vielleicht bleibt uns noch etwas Zeit um zu versteh'n, Gemeinsamkeit und Bescheidenheit sind der Weg zur Ewigkeit". [5]

Die Menschheit des 21. Jahrhunderts betreibt an Mutter Erde einen weiteren massiven und gefährlichen Raubbau, wie es ihn noch nie gegeben hat. Auch die stark gewachsene Weltbevölkerung auf perspektivisch rund zehn Milliarden Menschen birgt ein gewaltiges Problem. Allein die Versorgung mit Lebensmitteln und die Überwindung der immer noch großen Hungerskatastrophen sind trotz intensiver Anstrengung weltweit eines der großen Probleme. Durch neue Anbaumethoden und resistenterem Saatgut und dem Einsatz von Düngemittel ist die Produktion von Getreide bereits erheblich gesteigert worden. Doch die Gewalten der Natur wie Starkregen, Feuer und Hagel oder Hitze und Trockenheit mit Bodenerosionen bescheren auch der modernen und hochtechnischen Welt immer wieder Rückschläge. Die veränderten

Wetterlagen sind eindeutig die Folgen der weltweiten, von Menschen verursachten Umweltbelastungen.

Unsere Mutter Erde verfügt über enorme Bodenschätze verschiedener Arten. Beispielsweise der Kohleabbau über viele Jahrzehnte im Ruhrgebiet bis in große Tiefen und Flächen hinein hat das Leben der Menschen lange Zeit beschäftigt und geprägt. Harte Arbeit unter Tage mit oftmals gesundheitlichen Folgen wie einer Staublunge. Parallel entwickelte sich die Stahlindustrie mit Hochöfen und Verarbeitung des aus dem Boden gewonnen Eisenerzes. In den Böden unserer Erde sind unzählige Materialien gelagert, die sich die Menschheit weltweit zunutze machen. Immer tiefer und immer größere Mengen, weil der Bedarf bei dem starken Wachstum der Weltbevölkerung scheinbar grenzenlos ist. Die Schätze im Boden sind über lange Zeitepochen von Millionen von Jahren entstanden. Wie lange werden sie der Menschheit dienen? Bei Erdöl und Gas gibt es wissenschaftliche Perspektiven, wie lange sie reichen. Was irgendwann einmal angefangen hat, zu wachsen oder zu entstehen, wird nicht grenzenlos verfügbar sein. Mit der Verbrauchsgeschwindigkeit der letzten 100 Jahre kann ich mir eine nachhaltige Zukunft für alle Menschen nicht vorstellen. Die Zeit ist reif für eine echte Wende bezüglich unserer aller Ressourcenverbräuche. Das sind wir unseren Kindern und Enkeln schuldig.

Viele metallische Bodenschätze werden jedoch für die Herstellung von Produkten auch in den nächsten Jahrzehnten unverzichtbar sein. Beispielsweise seltene Erden für unsere Smartphones. Nur eine weltweite Verständigung auf umweltverträgliche Gewinnungsmethoden und konsequentes, vollständiges Recycling können unseren menschlichen Beutedrang nachhaltig reduzieren. Das Sprichwort „Nach mir die Sintflut" wurde viele Jahre gelebt. Auch die Menschheit des 21. Jahrhunderts sitzt in einem Boot. Es ist unser Lebensraum, den wir auch unseren Kindern und Kindeskindern für ein erträgliches Leben erhalten müssen.

Das Zeitalter für fossile Energie wie Kohle, Gas oder Öl geht mit großer Geschwindigkeit seinem Ende entgegen. „Kein Weiter so" lautet das ständige Mantra der Protestgruppen „Die letzte Generation". Und doch ist der menschliche Raubzug zur Ausbeutung der Bodenschätze sowie die Entsorgung von Müll oder Reststoffen in unsere Lebensräume Luft, Wasser und Boden weltweit immer noch auf Expansionskurs. Daraus folgen nachhaltig gewaltige Umweltbelastungen und Klimaveränderungen. Plastikpartikel aus dem Müll haben sich weltweit in Flüssen und Gewässern bis hin zum Eis am Nord- und Südpol verbreitet. Deutschland mag hier nicht primär ein großer Umweltsünder sein. Rechnen wir jedoch unsere Müll- und Entsorgungsexporte für beispielsweise Elektroschrott nach China oder nach Afrika hinzu, dann ist unsere Wohlstandsgesellschaft auf einem riskanten Weg. Viele Produkte, die wir weltweit importieren, wie das Sojamehl aus Brasilien, verstärken die Umweltfolgen in anderen Ländern. Klimamäßig kommen auch diese Sünden wie ein Bumerang auf uns in Deutschland zurück. Vieles hängt mit vielem zusammen. Somit sind wir als Importeur und Exporteur immer auch mitverantwortlich für Umwelt- und Klimaschäden in anderen Ländern.

Wir Menschen, insbesondere seit dem 20. und 21. Jahrhundert, haben uns unverantwortlich zulasten unserer Erde ein Leben im Wohlstand gegönnt, ohne in notwendiger Weise auf Nachhaltigkeit und Ressourcenschonung wirklich zu achten. Wir waren zu lange blind für das Zusammenwirken des weltumspannenden Klimas. Umweltbelastungen in Industrieländern wurden lange Zeit nicht global betrachtet.

Die Folgen der Klimaänderungen spüren wir jetzt weltweit so richtig mit Wumms. Trockene Böden oder weitgehend ausgetrocknete Flüsse in den Sommermonaten sind auch in Deutschland Normalität geworden. Einerseits lange Trockenzeiten ohne den erforderlichen Regen und andererseits Starkregenereignisse mit großen Überschwemmungen, die Häuser,

Brücken und Straßen einfach wegreißen. Die Opfer von Naturkatastrophen haben weltweit stark zugenommen. Da nutzt es auch nicht, dass hier und da mit viel Geld neue Dämme gegen höhere Wasserstände gebaut werden. Denn wo Menschen dem fließenden Wasser in Flüssen oder an den Küsten mit massiven Bauwerken eine Grenze setzen, da sucht sich die Wasserkraft an anderer Stelle Schwachstellen, um durchzubrechen. Unter diesem Aspekt hätte so manches Neubaugebiet in Deutschland oder auch in anderen Ländern nie geplant werden dürfen. Doch die weitere Expansion der Weltbevölkerung braucht immer mehr Land zum Wohnen und Arbeiten sowie für die wachsende Infrastruktur. Mit dem Wachstum ist auch ein zusätzlicher Ressourcenverbrauch zulasten der Natur und Landschaft verbunden. Die Bodenversiegelung durch neue Bauvorhaben wie Häuser, Gewerbe und Industrie sowie für zusätzliche Verkehrsflächen reduzieren auch die Anbauflächen, die wir dringend zum Sattwerden der künftigen Weltbevölkerung brauchen. Wir sitzen weltweit jedoch in einem Boot. Wenn beispielsweise in Afrika wegen Klimaveränderungen Ernteerträge ausfallen, dann treibt der Hunger die Menschen vermehrt auf den Nachbarkontinent Europa. Schutzzäune, wie beispielsweise an der marokkanischen Mittelmeerküste, finanziert von der europäischen Union, mögen noch so hoch gebaut werden. Menschen in Not sind erfinderisch und der Hunger ist eine gewaltige Triebkraft.

Im Haushalt der Europäischen Union hat der Agrarbereich eine Dominanz, weil die Landwirtschaft in allen Ländern wegen der Nahrungsversorgung für die Bevölkerung einen hohen Stellenwert hat. Die Höhe der Fördermittel orientiert sich seit vielen Jahren an der bewirtschafteten Fläche. Der ursprüngliche Förderzweck, die Erhaltung einer bäuerlichen Landwirtschaft, ist seit Langem in den Hintergrund getreten. Die Anzahl der landschaftsprägenden Bauern hat sich seit dem letzten Jahrhundert massiv reduziert, weil bei den bisher niedrigen Preisen für Milch oder Schweine- und

Geflügelfleisch ein auskömmliches Einkommen kaum noch erzielt wird. Wachsen oder Weichen, so lautete lange Zeit die Parole. Die Produktionsanlagen für Schweine, Kühe, Hühner, Puten oder Hähnchen wurden Jahr für Jahr vergrößert, um noch davon leben zu können. Eine fatale Entwicklung mit Preisdruck seitens der großen Lebensmittelketten. Dass unter diesem Druck das Tierwohl auf der Strecke bleibt, ist eine logische Folge. Darunter leiden sowohl Tiere als auch die Bauern und die Bäuerinnen. Die Maßnahmen seitens der Politik zur Wendung dieser dramatischen Entwicklung können lediglich als erste Schritte bezeichnet werden. Weitere Maßnahmen werden folgen müssen. Das braucht auch eine Kenntnis der komplexen Abhängigkeiten und eine ehrliche Vorgehensweise seitens der Politik in der EU und den regionalen Parlamenten. Den Preis für Tierwohl und eine faire Entlohnung der Landwirte muss letztlich der Verbraucher zahlen. Die Ausgaben für Lebensmittel werden weiter steigen. Essen und satt werden ist ein Grundbedürfnis und notwendiger als mehr Urlaub, Reisen und Ausgaben für technische Gerätschaften. Unser Wohlstand wird sich perspektivisch deutlich verändern.

Auch wenn 2023 die Lebensmittelpreise erheblich gestiegen sind, so sind sie im Vergleich zu einigen Ländern immer noch eher niedrig. Gemessen am Lohn der Arbeitnehmer*innen ist die Ausgabenquote für Lebensmittel über Jahrzehnte immer weiter gesunken. Heute arbeiten wir weniger, um satt zu werden, sondern um unseren Wohlstand zu steigern. Ein zweiter Urlaub im Jahr, regelmäßiges Essen außer Haus, neue Kleidung entsprechend der Modetrends, teure Hobbys und stets die neusten Geräte wie Großbildschirm, Handy, Smartwatch und vieles mehr. All das sei jedem gegönnt, doch das persönliche Glück des Menschen ist davon nicht abhängig.

Ich selbst bin in den Nachkriegsjahren des 20. Jahrhunderts gemeinsam mit vier Geschwistern auf einem Bauernhof in einem kleinen westfälischen Dorf aufgewachsen. Für uns Kinder war es selbstverständlich, nach den Schularbeiten auf dem Hof oder beim Ackern mitzuhelfen. Das machte auch Spaß. Der Hof war damals mittelgroß und wir hatten Kühe, die morgens und abends gemolken werden mussten. Heute würde man die damalige Landwirtschaft als Bio-Bauernhof bezeichnen. Unsere 14 Kühe hatten alle einen Namen und ihre Milchleistung war nicht mit Dopingfutter getrimmt. Eine gute Milchleistung lag damals etwa bei einem Drittel der heutigen Milchmenge. Entsprechend war auch ihre Lebenserwartung erheblich höher. Von Anfang Mai bis in den Spätherbst konnten sich unsere Kühe auf der Weide austoben und frisches Gras fressen. Unsere Familie hat mit den Kühen gelebt und sie wurden gut behandelt. Das Heu, das sie im Winter zusätzlich zu fressen bekamen, wuchs auf Wiesen, die nicht gegen Unkräuter gespritzt wurden. Einige Hühner für den Eigenbedarf hatten tagsüber draußen Freigang ohne Einzäunung und sie konnten sich biologisch ernähren. Dann gab es noch einige Schweine, die in ihren Stallboxen auf Stroh, im Vergleich zu heute, ein gutes Leben hatten. Die Sauen für die Aufzucht von Ferkeln wurden in den Sommermonaten ebenfalls auf die Weide gelassen. Hier konnten sie sich bei Hitze in großen Wassermulden den Tag vertreiben. Abends wurden sie dann von meinem Onkel, der mit auf dem Hof lebte, zum Ausgangstor gerufen und dann rannten sie, den Weg kennend, in den Stall, wo im Trog die Abendmahlzeit wartete. Kein Vergleich zu der heutigen Massentierhaltung. Der Fairness halber sei gesagt, dass mit den damaligen Tierhaltungsmethoden der heutige Fleisch- und Eierbedarf nicht gedeckt werden könnte. Fleisch ist ein Genuss und in Maßen für uns Menschen auch wichtig. In meiner Kindheit gab es nur am Sonntag ein gutes Stück Fleisch, als Braten oder Schnitzel. An den Wochentagen dominierten Eintöpfe mit kleinen Fleischeinlagen und immer sehr viel Gemüse aus dem eigenen sehr großen Garten. Für die Wintermonate wurden in Einmachgläsern Obst und Gemüse bevorratet.

Mit dem bescheidenen Leben in meiner Kindheit und Jugend war ich durchaus zufrieden. Es war allgemein so und es gab ja nicht die Vielfalt der Angebote wie heute.

Die größten Herausforderungen für die heutige und künftige Weltbevölkerung ist der bereits massiv spürbare Klimawandel. Seit Beginn der Industrialisierung im 19. Jahrhundert haben Menschen die Umwelt zunehmend mit Schadstoffen belastet. Insbesondere die enorm gestiegenen CO_2-Emissionen haben weltweit zu einem deutlichen Anstieg der Temperatur geführt. Mit fatalen Folgen, wie es Wissenschaftler bereits vor Jahrzehnten vorausgesagt haben. Die spürbaren Veränderungen des Weltklimas mit Starkregenereignissen, Schmelzen des Eises an den Polen, Dürrekatastrophen, Überschwemmungen, Bodenerosionen, Luftverschmutzungen, Waldsterben etc. sind große Belastungen für die Menschheit.

Bei kirchlichen Beerdigungen wird häufig das Lied „Wir sind nur Gast auf Erden" gesungen. Als hilfloses Baby werden wir geboren und fürsorglich und liebevoll in den ersten Lebensjahren versorgt und begleitet. Mit der Pubertät fühlt sich der Mensch zunehmend eigenständig und will seine eigenen Wege gehen. Es ist eine Zeit mit manchen Auseinandersetzungen. Auch Enttäuschungen und negative Lebenserfahrungen gehören dazu. Junge Menschen brauchen sogenannte Sackgassenerlebnisse, weil sie daraus für ihr Leben lernen. Quasi Lebenswendungen, die stark machen. Die moderne Menschheit des 21. Jahrhunderts durchlebt derzeit auch solche Sackgassenerlebnisse. Die Naturgewalten zeigen uns in vielfältiger Weise, dass wir nicht die Herren der Schöpfung sind. In den täglichen Nachrichten wird uns der Spiegel sehr konkret vorgehalten. Ein Weiter so wird der Menschheit weltweit massive Folgen bescheren. Die Übeltäter sind nicht immer die anderen. Jeder Einzelne ist immer auch Mittäter mit seinem konkreten, oftmals egoistischen und anspruchsvollen Lebensstil.

EINE GUTE ERNTE BRAUCHT ZEIT ZUM WACHSEN UND REIFEN. DAS GILT FÜR VIELE BEREICHE UNSERES LEBENS

In meiner Kindheit und Jugend habe ich gemeinsam mit meinen vier Geschwistern auf einem Bauernhof hautnah erfahren, was es heißt, eine gute Ernte einzufahren. Die Qualität des Bodens und die Wetterlagen sind wesentliche Grundlagen. Zu unserem Hof gehörten überwiegend schwere, lehmige Böden, die intensiv für die neue Saat mit Pflügen und Eggen vorbereitet werden mussten. Stundenlanges Arbeiten mit Traktoren und Geräten, die in ihrer Dimension nicht mit den heutigen modernen und riesigen Maschinen vergleichbar sind. Neben dem ersten Trecker, ein Lanz-Bulldog, hatten wir noch ein Pferd, das arbeitsmäßig eingespannt wurde. Auch das Vieh musste regelmäßig versorgt werden. Und das an allen sieben Tagen der Woche. Gute Ernten, egal ob auf dem Feld oder beim Melken der Kühe, erforderten permanenten Einsatz bei jeglicher Wetterlage.

Für die neue Ernte werden die Felder mit Saatgut entweder im Herbst, für winterfeste Getreidesorten, oder im Frühjahr versorgt. Es braucht einige Monate für den Wachstums- und Reifeprozess. Der Ernteertrag ist von den Bodenverhältnissen und den ergänzenden Düngungen abhängig. Die Wetterlage spielt eine entscheidende Rolle. Die zunehmenden Hitze- und Trockenperioden führen auch in Deutschland bereits zu massiven Ertrags- und Qualitätsreduzierungen. Zu Hause auf unserem Hof fürchteten wir in der Reifeperiode des Getreides den vernichtenden Hagelschlag. Und in der Erntezeit, noch ohne Mähdrescher, wurde das reife Getreide häufig wegen des Regens nicht richtig trocken.

Der Mensch lebt in und von der Natur. So ist es seit Menschengedenken. Höhen und Tiefen sind stets Realitäten. Wo ich selbst es nicht ändern kann, bleibt mir nur die Möglichkeit der Vorsorge oder Anpassung. Not macht bekanntlich erfinderisch. Der Türöffner ist die innere Einstellung zur Realität. Statt zu jammern und zu klagen, stelle ich mir immer die Frage: „Was kann ich jetzt selbst tun?" Ich suche nach Alternativen oder Verhaltensanpassungen. Auch aus kleinen, bescheidenen Schritten können für mich persönliche Veränderungen wachsen. In der Bibel erzählt Jesus von den Talenten, die in jedem Menschen stecken. Auch das kleinste Talent soll nicht vergraben, sondern aktiv eingesetzt werden. Es ist die Saat für erfolgreiche Veränderungen. Menschen sind sehr verschieden. Doch jede*r ist eine Persönlichkeit mit individuellen Stärken und Schwächen. Daraus entwickeln sich Denk- und Verhaltensweisen, aus denen immer auch etwas Gutes wachsen kann. Es braucht aber auch ein unzweifelhaftes Wollen, das wir als Ehrgeiz bezeichnen. Wie beim Sport dürfen ein gewisses Maß an Selbstdisziplin und Anstrengung nicht fehlen. Erfolg im Leben ist nicht immer eine Frage des Schicksals, sondern primär der Lohn für Geleistetes. Und die Vorstufe dafür sind die persönlichen Denk- und Verhaltensweisen.

Vom Buchautor und Förster Peter Wohlleben hörte ich einmal sinngemäß den Ausspruch: „Die Erneuerungskraft in der Natur können wir nicht in Jahrzehnten erwarten. Für nachhaltige Erholungsphasen der Natur wie beispielsweise unsere Wälder, Böden, Luft und Meere müssen wir mit Zeiträumen von Hunderten oder gar Tausenden von Jahren rechnen." Eine hohe Verantwortung für jede Generation weltweit, um den Lebensraum Erde auch künftigen Generationen für ein erträgliches Leben zu erhalten. Auch wenn wir Menschen als Einzelne uns eher ohnmächtig fühlen, so können wir mit unserem individuellen Verhalten zumindest einen minimalen Beitrag zum Schutz unserer Umwelt leisten. Das Beispiel von Greta Thunberg zeigt: Die Aktionen der jungen Schwedin haben im Kleinen angefangen und inzwischen weltweit große Kreise gezogen. Nach dem Sprichwort „Steter Tropfen höhlt den Stein". Mit Mut und klarer Sprache sind schon viele Dinge zum Positiven gereift. Veränderungen werden häufig als negativ betrachtet, weil auch Auswirkungen auf den persönlichen Bereich befürchtet werden. Für das künftige Leben auf diesem Planeten Erde werden einschneidende Veränderungen auf uns alle zukommen, die auch am gewohnten Wohlstand kratzen werden. Wer jedoch tatenlos resigniert, der hat schon verloren. Wo Weitsicht und verantwortliches Handeln wachsen, kann etwas Neues und Lebensnotwendiges für die Weltbevölkerung entstehen. Wie eine Lawine, die klein beginnt und dann immer größer wird, reift ein verantwortlicher Umgang mit den irdischen Ressourcen.

Auf unseren politischen Bühnen, von Gemeindeparlamenten bis zum Europaparlament oder gar zur weltweit agierenden UNO in New York, finden lebhafte, teils heftig konträre Diskussionen statt. Jeder Mensch hat seinen individuellen Lebensraum, seine Kontakte und Erfahrungen sowie persönliche Erlebnisse und Interessen. Auf dieser Basis wirkt der Mensch so oder so in seiner Außenwirkung und bei der Verfolgung von Zielen. Eine harmonieorientierte Mentalität lässt schneller Lösungen über Kompromisse wachsen. Eine kritische oder zweifelnde Mentalität wird in Diskussionen nicht so gerne gesehen. Doch kritische Bedenken sind wichtig für eine möglichst optimale Lösung. Eine zweite Meinung führt nicht selten auf eine neue Spur. So sind die sehr unterschiedlichen Charaktere für das Reifen von guten politischen Entscheidungen zwar zeitaufwändiger, aber letztlich eine Bereicherung.

Ganz anders erleben wir es aktuell in diktatorisch oder autokratisch geführten Staaten. Wo die Macht über Jahre an eine Person gebunden ist, führt diese oft zu Fehlentwicklungen und Menschenrechtsverletzungen. Staatsmänner/-frauen, ohne Handlungsgrenzen, gewöhnen sich an ihren Machthabitus und glauben, dass sie alles machen können. Macht braucht klare Zuständigkeitsgrenzen und ein Ablaufdatum. Machtfülle und lange Zeiträume führen zur Selbstverherrlichung und zu reduzierten Realitätswahrnehmungen. Eine solche Gefahr wächst auch außerhalb der Politik. Immer dann, wenn Macht und Einfluss zur Routine oder Selbstverständlichkeit geworden sind. Für die Wahrnehmung der Realität braucht es immer den Spiegel und das ehrliche Feedback von anderen.

In unserem Land leben wir seit Gründung der Bundesrepublik in einem liberalen, demokratischen Sozialstaat. Seit mehr als 70 Jahren ist es gelungen, den sozialen Frieden und eine stabile Bürgermitte zu erhalten. Streiks, Demonstrationen und Proteste gab es immer wieder. Durch Dialog, Diskussionen und Ringen um Mehrheiten sind wir in unserem Land sieben Jahrzehnte gut gefahren. Der Wohlstand für große Teile der Bevölkerung konnte wachsen und brachte persönliche Vorteile. Die möchten wir erhalten und verteidigen. Nicht erst seit dem 24. Februar 2022 mit dem russischen Angriffskrieg in der Ukraine spüren wir Veränderungen mit verschiedenen Facetten. Sorgen und Existenzängste haben einen fundamentalen Nährboden, weil so manche Annehmlichkeit vom Sturm der Zeit weggefegt werden könnte. Weltweit stehen wir vor großen Herausforderungen, deren Lösungen mehr oder weniger jeden persönlich tangieren. Der Krieg zwischen Russland und der Ukraine ist dabei nur ein Thema. Die Klimakrise, die wir jahrelang nicht so ernst genommen haben, konfrontierte auch Europa im Sommer 2022 und 2023 mit Waldbränden, ausgetrockneten Flüssen, Starkregenereignisse, Bodenerosionen mit Ernteausfällen und massiver Gletscherschmelze. Die große, über Jahrzehnte entwickelte und mit Preisvorteilen verbundene Globalisierung zeigt inzwischen massive Schwächen und Wohlstandsgefährdungen.

Die Zeit der guten Ernten in Form von niedrigen Preisen, sicher sprudelnden Steuereinnahmen, schnellen Verfügbarkeit von Waren und Dienstleistungen und einem sicher geglaubten Wohlstand geht offensichtlich zu Ende. In meiner kaufmännischen Ausbildung lernte ich den break-even point kennen. Es ist der Zeitpunkt, an dem das gewohnte und erwartete Wachstum seinen Höhepunkt erreicht hat und danach wieder abfällt. Es ist der Wendezeitpunkt. Permanenter Aufstieg kommt immer irgendwann an Grenzen. Wir kennen den Ausspruch „Wer ganz oben auf der Karriereleiter steht, für den geht es nur wieder runter". Ein Bild für vieles in unserem Leben. Die Bäume wachsen bekanntlich nicht in den Himmel. Auch die Weltmacht China mit jahrelang sehr großen Wachstumsraten spürt das aktuell. Wendepunkte im Leben, egal in welchem Bereich, werden zunächst mit Angst und Sorge oder gar wie ein Schock wahrgenommen. Krisen sind aber im Nachhinein immer auch ein Regulativ. Sie beenden einen Weg, der blind machte für gefährliche Entwicklungen oder notwendige Veränderungen. Einige sagen: In der Krise liegt die Kraft, zu neuen Ufern aufzubrechen. Aus einer Niederlage oder einem Abwärtstrend wächst in einer neuen Form etwas Neues. Wenn eine Raupe sich nicht verpuppt, dann kann auch kein neuer Schmetterling entstehen. In der Natur gibt es viele Beispiele, dass der Niedergang ein Anfang für etwas Neues ist. Alles auf dieser Erde trägt einen Keim für Veränderungen in sich. Die Kräfte der Evolution wirken schleichend und sind über lange Zeiträume gewaltig.

Menschen zu allen Zeiten haben sich auf den Weg gemacht, um neue Horizonte zu erreichen. Es ist die Sehnsucht, Unbekanntes zu entdecken oder eben Negatives hinter sich zu lassen. Am Anfang sind es nur Gedanken, Wünsche oder konkrete Ideen. Mit Willenskraft und Aufbruchsstimmung verstärkt der Mensch die Anstrengung, sein neues Ziel zu erreichen. So ist es auch in der Wirtschaft, die immer wieder mit neuen Techniken und Patenten einen Wettbewerbsvorteil und damit guten Profit anstrebt. Der Kaufmann im Unternehmen sieht die Umsatzzahlen, die Produktionskapazitäten der Arbeitnehmerschaft sowie die künftigen Umsätze und Gewinne. Die Ingenieure entwickeln neue Techniken und kostenoptimierte Produktionen. Beides zusammen ist der Motor für Fortschritt und Wohlstand in unserem bodenschatzarmen Land. Es sind unsere Entwicklungen und Ideen, mit denen wir weltweit konkurrieren und unseren Wohlstand sichern. Die Markteinführung neuer Techniken und Modelle wird von den Kaufleuten mit Nachdruck und teuren Marketingmaßnahmen forciert. Neue Produkte oder Techniken brauchen jedoch genügend Reifezeit, um nachhaltig sicher und gut zu funktionieren. Wenn Schnelligkeit wichtiger ist als Sicherheit, dann bauen sich Risiken auf. Ein Rückruf von neuen Techniken oder Produkten vom Markt schadet dem Unternehmensimage und ist immer auch eine Kostenfrage.

Nachhaltig gerecht und pragmatisch in der Umsetzung sollen auch die politischen Entscheidungen in der Bürgerschaft ankommen. Die öffentliche Meinung sowie die vielen Print- und Digital-Medien sind in unserer Welt der Antrieb für die politisch Handelnden. Und das mit zunehmenden Tendenzen. Die Medien leben von der Information an die Bürgerschaft. Und da sich bekanntlich Spektakuläres schneller verbreitet, sind Streitigkeiten oder Fehlverhalten stärker im Fokus. Das gilt auch in Bezug auf die Politiker*innen. Wir Bürger*innen erwarten eine faire und transparente Politik. Und bitte alles Notwendige sofort. Doch auch in der Politik braucht es Zeit zum Reifen für kluge, gerechte und verständliche Entscheidungen. In Eile oder getrieben wachsen auch die ungewünschten Defizite.

Unsere schnelllebige Zeit lebt primär von Schlagzeilen und plakativen Aussagen, weil es immer schnell gehen muss und komplexe Sachverhalte kaum transparent dargestellt werden können. Ich selbst ärgere mich über Schlagzeilen in den Tageszeitungen oder Nachrichten, wenn ich beispielsweise Anfang September 2022 bezüglich des dritten Entlastungspaketes der Bundesregierung über 65 Milliarden Euro auf der Titelseite einer westfälischen Zeitung lese: „Ampel hat Spendierhosen an." Ergänzend wird im Text die Erhöhung des Kindergeldes

Anfang 2023 um monatlich 18 Euro für das erste und zweite Kind mitgeteilt. Das ist zwar begrüßenswert, doch die Steigerung ist im Hinblick auf die inflationsbedingten Kostensteigerungen in den Jahren 2022 und 2023 unzureichend. Die Bezeichnung „Spendierhosen" in der Titelüberschrift ist faktisch irreführend. Auf der staatlichen Einnahmeseite werden gleichzeitig gewaltige Steigerungen an Mehrwertsteuer verbucht. Diese wird zwar nicht prozentual erhöht, doch der Staat ist immer auch deutlicher Nutznießer von Preiserhöhungen, an denen er systembedingt gut partizipiert. Zu einer vollständigen und fairen Darstellung von Entscheidungen braucht es immer eine ganzheitliche Sichtweise. Doch Komplexitäten und Zusammenhängen lassen sich nicht schnell und einfach darstellen. Und da viele Leser*innen oder Zuhörer*innen weder Zeit noch Lust haben, sich intensiv mit den ganzen Details auseinanderzusetzen, bleibt es bei Schlagzeilen und plakativen Informationen.

Es ist der Zeitgeist, alles bis ins Kleinste regeln zu wollen. Alles hängt mit vielem zusammen. Klarheit und Verstehen sind bei der Fülle der Regelungen immer weniger möglich. Mehr ganzheitliche Ansätze und Betrachtungen wären nötig. Doch auch dazu braucht es Zeit und intensive Recherche. Und weil das so ist, flüchten Politiker und auch viele Journalisten in den Bereich der Beliebigkeit mit plakativen Aussagen. Möglicherweise haben wir in unseren Parlamenten ein deutliches Defizit hinsichtlich des Notwendigen und vor allem der pragmatischen Lösungen. Eine Erwartung, die Menschen mit praktischen Erfahrungen in der Berufswelt vielleicht eher zugetraut werden. Viele Abgeordnete in den Landtagen und im Bundestag haben ihr Mandant über ihre Parteikarriere erlangt oder kommen aus dem öffentlichen Dienst. Erfahrungen aus dem oftmals harten Berufsleben mit Herausforderungen für schnelle und pragmatische Lösungen sind wichtige Potenziale auch für die Politikgestaltung. Wir brauchen mehr Mut, etwas einfach mal unbürokratischer auszuprobieren. Zu viel klein, klein geregelt läuft Gefahr, im Regelungsdschungel zu ersticken oder vor Gericht zu scheitern.

Bürger*innen spüren zunehmend eine gewisse Hektik und Hilflosigkeit unseres Staates. Sachverhalte sind komplex und im Kontext mit vielen anderen Dingen schwer zu verstehen. Alles einfach als unabänderlich zu akzeptieren, ist zwar bequem, aber aus Zeitgründen oftmals nicht anders möglich. Für mich erschließen sich Zahlen erst durch Relativierung und mit weiteren Sachinformationen. Da ist wohl mein Blick als Bankkaufmann und der Umgang mit Zahlen und Analysen lebendig. Getrieben von meinem Wunsch, es zu verstehen.

Unserer Gesellschaft werden immer noch die sogenannten preußischen Tugenden nachgesagt. Möglichst vieles geordnet und geregelt. Was verständlich und gerecht erscheint, findet bei Menschen eher Akzeptanz und Umsetzung. Fehlt jedoch die Sinnhaftigkeit oder der Nutzer eines Gesetzes, dann erhöht sich die innere Ablehnung. Daraus folgt ein kontraproduktives Verhalten. Die Flut an Gesetzen und Vorschriften von den verschiedenen Verwaltungsebenen trägt auch zur Politikverdrossenheit bei. Bürger*innen spüren seit Jahren tendenziell eine Ohnmacht, gepaart mit Resignation. Eine gute Ernte auf dem Acker der Parlamente braucht Zeit für reife und gute Gesetze.

Jahr für Jahr hat unser Staat bei den Wahlen immer mehr Wähler*innen verloren. Ein beachtlicher Teil unserer Gesellschaft hat sich schweigend in das Lager der Nichtwähler zurückgezogen. Bei der Landtagswahl Nordrhein-Westfalen im Mai 2022 wurde beispielsweise nur noch eine Wahlbeteiligung von knapp 56 % erreicht. Die schwarz-grüne Landesregierung bildet zusammen zwar eine regierungsfähige Mehrheit, doch die Mehrheit der Wahlberechtigten haben beide Parteien nicht hinter sich. Das ablehnende oder zumindest nicht unterstützende Wählerverhalten ist in ganz Deutschland in den letzten Jahren stark gewachsen. Das ist eine bedenkliche Entwicklung und benötigt entsprechende

Verhaltensänderungen der Parlamentarier*innen. Das geht nicht von heute auf morgen. Es ist ein notwendiger Prozess, der parteiübergreifend im Interesse unseres Landes und der Zukunft aktuell in den Fokus gehört.

Wir Menschen erwarten von anderen das Ehrliche und Perfekte. Dieser hohe Anspruch ist zwar grundsätzlich richtig, doch er darf nicht zum Dogma für alles werden. Denn Menschen sind niemals perfekt und lügen mehrmals täglich. Zum Miteinander gehört aber auch ein fairer Umgang mit Schwächen und Fehlern. Nicht die absichtlichen oder böswilligen. Ein übertriebener Anspruch an Leistung und Qualität ist immer mit dem Makel behaftet, dass durch den äußeren Erwartungsdruck Ausdrucks- und Verhaltensfehler tendenziell wachsen. In der Bank hörte ich einmal vom Vorstand den Ausdruck „Null-Fehler-Toleranz". Ein hoher Anspruch mit kontraproduktiver Wirkung

Wenn etwas schiefläuft, kommen schnell die Fragen: Wer ist dafür verantwortlich? Wer hat hier versagt? Auch wenn die Fakten noch nicht klar sind, werden öffentlich schnell Verantwortliche oder mögliche Schuldige gesucht. Die Klärung der Faktenlage und das Finden der Wahrheit werden häufig von Mutmaßungen und Verdächtigungen überschattet. Die Öffentlichkeit hat schließlich ein Recht, unverzüglich informiert zu sein. Aus Spekulation und Anfangsverdacht erwächst schnell eine Beschuldigung oder Vorverurteilung. Wenn es komplizierter oder unklar ist, braucht die Wahrheit Zeit zum Wachsen.

In allen Lebensbereichen beggenen uns gute und schlechte Nachrichten sowie Botschaften, die uns sehr konkret und persönlich betreffen. Wie eine schlechte Wetterlage, die über das Land zieht und Unsicherheiten oder Angst hinterlässt. Die heutigen Informationsfluten auf vielen Kommunikationswegen rund um die Uhr und Tag für Tag sind für uns Menschen im 21. Jahrhundert eine unerschöpfliche Quelle, die wir individuell anzapfen können. Es wird jedoch immer schwieriger zu erkennen, was real oder künstlich ist. Oft nicht erkennbar, ob Wahrheit oder Lüge. Auch vermischen sich häufig Äußerungen von Meinungen und Fakten. All das kann Menschen irritieren und zu falschen Entscheidungen oder Handlungen führen. Die Macht der medialen Bilder mit gut in Szene gesetzten Motiven wecken bei uns Menschen schnell Aufmerksamkeit und können unser Kaufverhalten mitprägen. Die Entscheidungshoheit liegt jedoch bei jedem Menschen persönlich und damit auch die möglichen Folgen. Der Mensch hat immer die Möglichkeit ja oder nein zu sagen. Jedoch erreichen uns permanent Signale, die unser Verhalten und unsere Entscheidungen irgendwie tangieren. Vielfalt für das menschliche Leben ist ein Reichtum, kann aber auch zur Gefahr werden. Da helfen nur eine gesunde Skepsis und die Überlegung: „Ist das für mich erforderlich und will ich das wirklich?"

BÜRGERSCHAFTLICHES ENGAGEMENT – EINE WIN-WIN-SITUATION

Wir alle leben von und auf dieser Erde. Unser Menschsein ist jedoch endlich. Da mögen uns noch so viele Wünsche und Erwartungen begleiten. Alt werden will jeder, doch geistige und körperliche Vitalität sollen nicht fehlen. Ein begnadetes Alter von 96 Jahren, so wie beim Altbundeskanzler Helmut Schmidt, ist weder selbstverständlich noch die Regel. Der Anteil der rüstigen Alten ist in den letzten Jahrzehnten auch in unserem Lande deutlich gestiegen und wird weiter anwachsen. Darin liegt auch eine große Chance. Vitale Großeltern haben Potenzial wie Zeit und Erfahrung, die sie zum Wohl ihrer Kinder und Enkel sowie für die Gesellschaft einbringen können und wollen. Sie selbst erfahren Lebenssinn und haben das Gefühl „Ich kann noch etwas und ich werde noch gebraucht". Es ist eine Wertschätzung, die zugleich positiv auf ihr eigenes Leben im Alter ausstrahlt. Schon heute leisten Großeltern für ihre Enkel hervorragende Dienste – nicht nur im materiellen Sinne. Dafür gebührt ihnen Anerkennung und Dankbarkeit. Ein Rentner erwartet für ehrenamtliches Engagement in Vereinen oder für die Unterstützung seiner Familie keine materielle Entlohnung. Dem sollten wir mit Dank und Achtsamkeit begegnen, was uns nichts kostet, aber sehr wertvoll ist.

Die moderne leistungs- und konsumorientierte Gesellschaft hat sich über Jahrzehnte an ein Wachstum in Fortschritt und Wohlstand gewöhnt. Die diversen Verbesserungen in der Arbeitswelt mit kontinuierlich reduzierten Arbeitszeiten oder die gewachsenen vielfältigen Sozialleistungen des Staates haben in der Summe ein Niveau erreicht, das weltweit Aufmerksamkeit findet. Doch die Bäume wachsen nicht in den Himmel. Unser Wohlstands-Wachstums-System, auf das Deutschland insgesamt stolz sein darf, kommt inzwischen an seine Grenzen. Immer wenn scheinbar alles gut läuft, werden sich auftuende Schattenseiten kaum wahrgenommen oder auch als lästig verdrängt. Diesem Phänomen unterliegen Politiker*innen wie auch die Bürgerschaft. Der Preis für das engmaschige Sozialnetz und für den etwas naiven Glauben, Freizeitvergnügen und Wohlstand seien grenzenlos vermehrbar, ist insbesondere unter nachhaltigen Aspekten sehr hoch. In einer stark gewinnorientierten und eng getakteten Leistungsgesellschaft spüren Arbeitnehmer zunehmend auch die Schattenseiten. Höhere Arbeitsanforderungen, verdichtet auf eine reduzierte Stundenzahl, können mit der Zeit nicht guttun. Die eigene Gesundheit und das Miteinander in Familien sind häufig die Leidtragenden.

Deutschland gilt als reiches Land. In der Summe ist das wohl wahr, aber eben nur eine Seite der Medaille. Ein kleiner Teil der Bevölkerung lebt in der Wohlstandssonne mit hohen Vermögenswerten und Jahreseinkünften in Millionenhöhe. Und ein anderer, wachsender Teil der Gesellschaft spürt den Schatten tagtäglich, weil er sich vermögenslos mit einem prekären Einkommen strecken muss. Auch die staatlichen Ebenen, von der Kommune über das Land bis zum Bund, spüren trotz guter Steuereinnahmen und Niedrigzinsen eine wachsende Verschuldung zulasten der künftigen Generationen. Kaum vorstellbar, ob und wie diese Staatsschulden jemals zurückgezahlt werden können.

Nach einer Zukunftsprojektion des renommierten Schweizer Forschungsinstitutes Prognos aus dem Jahr 2010 [6] wird sich die Zahl der Erwerbsfähigen in Deutschland bis 2030 etwa um 6,2 Millionen verringern. Der aktuelle Fachkräftemangel und die hohe Anzahl unbesetzter Stellen bestätigen die prognostizierte Entwicklung. Unsere Alterspyramide zeigt deutlich die Veränderungen in der Zukunft. Schon heute wird der Arbeitsmarkt sehr stark durch die Migration von Menschen und Leiharbeitern aus dem osteuropäischen Raum noch weitgehend funktionsfähig gehalten. Das Faktum unserer Alterspyramide verlangt seitens der Politik weitsichtige und faire Entscheidungen. Auch wenn der Anteil der in Deutschland lebenden Menschen mit einem Migrationshintergrund schon recht hoch ist, so braucht es für unsere Wirtschaft und auch für unseren Wohlstand ein entsprechendes Einwanderungsgesetz.

In verschiedenen Lebenslagen wird die Zivilgesellschaft sich selbst noch intensiver in das gemeinsame Deutschlandspiel einbringen müssen. Das Leistungspotenzial, auch unter gesundheitlichen Aspekten, ist jedenfalls ausreichend vorhanden. Nur weil ein Mensch eine gesetzlich fixierte Altersgrenze erreicht, gehört er nicht automatisch zu den weniger leistungsfähigeren Arbeitnehmern. In Eigenverantwortung für ihr eigenes Leben können Menschen Enormes vollbringen. Insbesondere wenn sie das Gefühl haben, dass die Aufgaben und Lasten innerhalb des Staates gerecht verteilt sind. Die Erledigung einiger, über Jahrzehnte an den Staat abgeschobenen Aufgaben kann durch bürgerschaftliches Engagement ergänzt oder gar ersetzt werden. Die Bevölkerung wird sich hier auch willig zeigen, sofern sie nachvollziehbar positive Auswirkungen auf ihre Steuer- und Abgabenlasten erfährt. In Zeiten der Not zeigen Bürgerinnen und Bürger immer eine ausgesprochen intensive und kreative Solidarität. Ein Beispiel ist aktuell die Aufnahme und Betreuung der Flüchtlinge durch sehr viel bürgerschaftliches Engagement. Ohne die vielen Tausend Ehrenamtlichen gäbe es statt einer Willkommenskultur riesige Unterversorgungen. Und das insbesondere auf der Beziehungsebene.

Unzählige Deutsche engagieren sich seit Jahrzehnten ehrenamtlich in vielen Vereinen und Einrichtungen. Sie tun es gerne und haben manchmal doch das Gefühl, dass ihr Engagement nicht ausreichend Würdigung findet. Zudem müssen sich Ehrenamtliche immer wieder Kritiken anhören, die als ungerecht und demotivierend wahrgenommen werden. Ehrenamtliche verlangen keinen Lohn für die aufopfernden Tätigkeiten. Ihnen gebührt jedoch angemessene Anerkennung und Dank. Und das während ihres Engagements und nicht erst, wenn sie ihre Tätigkeit beenden. Mit Fairness und guter Motivation lässt sich das Leistungspotenzial des bürgerschaftlichen Engagements noch deutlich steigern.

In den nächsten Jahren kommen die sogenannten Babyboomer nach und nach ins Rentenalter. Beruflich recht erfolgreich und überwiegend mit guter Vitalität. Für unsere Gesellschaft, und damit für das bürgerschaftliche Engagement, ein beachtliches Potenzial. Nicht jeder Ruheständler möchte die erzielte Freizeit ausschließlich für seine eigenen Aktivitäten nutzen. Zunehmend höre ich in der Altersgruppe, so um die 65, auch das Bedürfnis nach sinnvollen Aufgaben. Gelegentliche Reisen, wie beispielsweise auf einem Kreuzfahrtschiff, machen viele Ruheständler gerne. Doch tendenziell steigend nehme ich das Bedürfnis wahr, dass Frauen und Männer auch im Alter nicht ganz untätig sein wollen. Und wenn es regelmäßig nur zwei bis fünf Stunden in der Woche sind. Das Gefühl „Niemand braucht mich" macht passiv und beeinträchtigt die Zufriedenheit.

Der Aufbau von bürgerschaftlichen Netzwerken für ehrenamtliche Tätigkeiten kann in verschiedenen Situationen Selbsthilfe koordinieren und leisten. In einigen Städten gibt es bereits erste gute Ansätze. In den nächsten Jahren wird das Renteneinstiegsalter nach und nach auf allgemein 67 Jahre angehoben. Das ist einerseits eine Notwendigkeit, um das Rentensystem an die demografischen Veränderungen anzupassen. Anderseits ist es aber auch nachvollziehbar im Hinblick auf die deutlich gestiegene Lebenserwartung. Ein Großteil der Seniorinnen und Senioren ist noch recht gesund, leistungsfähig und auch willig. Großeltern schenken bereits heute mit liebevollem Engagement ihren Kindern und Enkeln so manche Unterstützung. Für sie ist es mehr als eine moralische Pflichterfüllung innerhalb der Familie. Sie spüren, wie wohltuend das Helfen und Geben ist. Da, wo Menschen anderen helfend zur Seite stehen, ist diese Welt humaner und menschlicher. Etwas Gutes und Bereicherndes aus eigener Entscheidung heraus zu tun, stärkt auch das Selbstwertgefühl und ist damit ein Beitrag zur eigenen Gesundheit.

Das menschliche Miteinander, die Hilfeleistung und die Solidarität in den verschiedenen Bereichen, wie Familien, Freundes- oder Nachbarschaftskreisen oder auch in den Ortsteilen der Städte, wird eine neue Belebung bekommen. Bürgerinnen und Bürger sehen die gesellschaftlichen Defizite und spüren zugleich eine wachsende Sehnsucht nach Geborgenheit, Übersichtlichkeit und Vertrautheit. Um dieses Vakuum zu füllen, müssten die Ressourcen Geld und professionelle Arbeitskraft deutlich wachsen. Perspektivisch zeigen die Fakten jedoch in eine andere Richtung. Bürgerliche Aktionsbündnisse entwickeln sich bereits in Dörfern und Städten. Das Motiv der Menschen ist einerseits, den Mangel zu beheben und andererseits, selbstbestimmt Chancen im bürgerschaftlichen Engagement zu nutzen.

Die Defizite in ländlich strukturierten Gebieten hinterlassen bereits deutliche Spuren. Die Klage, dass kaum noch Ärzte eine Landarztpraxis übernehmen wollen, bestätigt die tendenzielle Konzentration auf die größeren Städte. Wie sollen beispielsweise Ältere auf dem Lande zum Arzt kommen, wenn sie selbst nicht mehr Auto fahren können und ihre Kinder weit entfernt leben und arbeiten? Ein lebensnotwendiges Bedürfnis, das öffentliche Verkehrsbetriebe auf dem Land auch aus finanziellen Gründen nur sehr bedingt befriedigen können. Die Fahrt mit dem Taxi kann schon heute von manchen Älteren nicht mehr bezahlt werden. Was der Staat nicht mehr leisten kann, muss die bürgerliche Gesellschaft übernehmen. So mancher Bus fährt heute nur, weil Engagierte einen Bürgerbusverein gegründet haben und Männer und Frauen sich ehrenamtlich in die Fahrdienste einbringen.

Eine wachsende Zahl, der nicht mehr mobilen Männer und Frauen im Alter fragen sich: Wie komme ich zum Arzt? Wie kann ich meine Einkäufe erledigen? Die sogenannten Tante-Emma-Läden, wie es sie vor 50 Jahren noch gab, sind in den letzten Jahren nach und nach durch große Lebensmittel- und Einkaufsmärkte verdrängt worden. Die Wirtschaftlichkeit entscheidet über den Standort, mit der Folge, dass kleine Dörfer oder städtische Ortsteile inzwischen keine eigene Grundversorgung für die Bevölkerung mehr haben. Und da, wo heute noch kleinere Läden präsent sind, werden sie, dem Gesetz der Wirtschaftlichkeit oder dem Rentenalter des Ladenbetreibers folgend, in absehbarer Zeit für immer schließen. Auch die sonstigen Wünsche nach Räumen der Kommunikation, die auch noch mit einem Rollator gut erreichbar sind, oder der Besuch eines musikalischen oder kulturellen Events gehören zu den berechtigten Wünschen älterer Menschen.

Die Mobilität und die Teilnahme am gesellschaftlichen Leben sind auch im Alter immens wichtig für das physische und psychische Wohlbefinden. Wenn die Bedarfsdeckung in räumlicher Nähe bröckelt oder ganz verschwindet, müssen ersatzweise intelligente Wege gefunden werden. Der Staat wird hier finanziell über eigene Einrichtungen und Institutionen im Wesentlichen nur noch einzelne Grundbedürfnisse des Lebens sichern können. Ein würdiges Leben verlangt jedoch nach mehr. Zeit ist Geld, so reden viele. Und unter diesem Aspekt bleibt so manches urmenschliche Bedürfnis auf der Strecke.

Gut funktionierende Nachbarschaften können eine gute Stütze und Ergänzung sein. Wenn Menschen über ihre Sorgen und Anliegen miteinander sprechen, werden sie feststellen, dass sie damit nicht allein sind. Im Gespräch kann es zu erstaunlichen Erkenntnissen kommen. Da entdeckt man gleichgelagerte Interessen, die miteinander viel besser verfolgt werden könnten. Die Bündelung der unterschiedlichen Talente und Fähigkeiten bedeutet eine neue Vielfalt und Stärke. Und zum

Miteinander gesellt sich die Harmonie, ein zusätzliches Geschenk. Da ist zum Beispiel ein noch mobiler Mann, der sonst immer nur für sich und seine Frau Besorgungen gemacht hat. Er weiß aber, dass die Frau in der Nachbarwohnung alleinstehend ist und nicht mehr gut gehen kann. Er klingelt an und im Gespräch mit der älteren Dame stellt er fest, dass diese zwar körperlich nicht mehr mobil ist. Sie ist aber geistig recht frisch und kennt sich sehr gut mit dem üblichen Schriftkram aus. Er selbst und seine Frau sind zwar mit ihren Beinen noch ganz gut unterwegs, haben aber bei der Erledigung von Behörden- und Versicherungsschreiben ihre Schwierigkeiten. Das liegt ihnen nicht so gut. Das Anerkennen der Talente oder Fähigkeiten eines anderen kostet zunächst wohl Überwindung, da hierin auch eine Akzeptanz der eigenen Unfähigkeiten liegt. Einmal über diesen Schatten gesprungen, kann das Leben durch Einbindung der Stärken anderer reicher und lebenswerter werden. Und die Erkenntnis, dass ich etwas geben und helfen konnte, stärkt das Selbstwertgefühl. Und wer gibt oder schenkt, bekommt irgendwann auch immer etwas zurück. Nicht aus einer kalkulierten Erwartung heraus oder in Folge einer Aufrechnung, sondern in der Regel als unerwartetes Geschenk. So können Menschen sich untereinander beglücken.

Das Älterwerden geschieht nicht sprunghaft, sondern sukzessive und kontinuierlich von Jahr zu Jahr. Damit wachsen auch die Handicaps im Alltag – mehr schleichend und weniger spektakulär. Daraus ergibt sich eine fließende Grenze, an der die Notwendigkeit einer professionellen oder ehrenamtlichen Unterstützung erkannt und akzeptiert wird. Der Mensch will eigenständig sein und möchte nicht fremdbestimmt werden. Mit diesem Vorsatz wird aber auch die Einsicht, nicht mehr allein alles hinzubekommen, von Tag zu Tag geschoben. Verdrängte Bedürftigkeit wird plötzlich sehr real. Dann ist Hilfe von jetzt auf gleich erforderlich.

Was in überschaubaren Nachbarschaften funktioniert, kann auch in größeren Einheiten praktiziert werden. Unter dem Stichwort „Bürger helfen Bürgern" gibt es bereits zahlreiche Hilfestrukturen, die immer nach dem Prinzip der Freiwilligkeit und dem Verzicht auf Entlohnung funktionieren. In gemeinnützigen Vereinen verbinden sich Männer und Frauen, die unerfüllte Bedürfnisse verschiedener Bevölkerungsgruppen nicht nur sehen, sondern auch zur Tat schreiten. Hier wird Nächstenliebe über den eigenen Tellerrand hinaus und sehr pragmatisch gelebt. Viele Betätigungsfelder werden bereits mit hohem Engagement beackert. Doch es gibt noch eine Menge Brachland, das erst in den nächsten Jahren so richtig deutlich werden wird.

Was der Staat nicht mehr bezahlen kann und institutionelle Hilfsorganisationen personell nicht leisten können, kann oder muss von Bürgern in Eigenverantwortung und Eigenregie übernommen werden. Das beginnt mit dem kleinen Gefallen, auch für den alten Nachbarn den Einkauf zu erledigen. Oder da ist eine ältere Dame, die geistig noch gut drauf ist. Die Sehkraft ihrer Augen hat bereits so nachgelassen, dass sie die Zeitung nicht mehr lesen kann. Sie würde sich freuen, wenn ein Schüler regelmäßig für eine halbe Stunde zu ihr käme, um ihr aus der Zeitung vorzulesen. Senioren haben oft körperliche Beeinträchtigungen, aber nicht alle sind arm. So könnte der Schüler sich auch ein kleines Taschengeld verdienen. Somit eine intergenerative Win-win-Situation. Sehr oft geschieht ein solcher oder ähnlicher Leistungsausgleich zwischen Alt und Jung. Ältere setzen ihre unerfüllten Wünsche in der Regel nicht öffentlich in die Zeitung oder verkünden sie auf dem Marktplatz. Wer stellt schon gerne seine Defizite öffentlich zur Schau? Die heute noch vitalen Senioren zwischen etwa 60 und 75 Jahren, teilweise auch darüber hinaus, sind in ihrem Denken und Verhalten gesellschaftlich weitgehend offener als noch vor Jahrzehnten. Sie haben teilweise auch noch das Geld, um ihre Bedarfe selbst einzukaufen. Die erste Unterstützung ist dann eine Putzfrau, die wöchentlich für drei bis vier Stunden kommt. Dieser Dienstleistungsmarkt funktioniert recht gut und ist mit professioneller Koordinierung und Unterstützung auch auf andere Begleitungs- und Hilfebedarfe für Seniorinnen und Senioren in unserer Gesellschaft spezialisiert.

Für unsere Familien und für unsere Gesellschaft sind die unbezahlten solidarischen Hilfen von Mensch zu Mensch etwas sehr Wertvolles. Sie sind die Basis, damit Gemeinschaft überhaupt funktioniert. Das Materielle in lebensnotwendiger Fülle ist unverzichtbar. Es kann das urmenschliche emotionale Verlangen aber niemals ersetzen. Wohlstand wächst auch durch Achtsamkeit und Teilen. Nicht durch Egoismus und Gier. Achtsamkeit für die Bedürfnisse der anderen und gelebte Solidarität stärken den gesellschaftlichen Frieden. Und wo neben dem Materiellen auch die emotionalen Bedürfnisse im Miteinander gesehen werden, da wächst das Glücklichsein als Win-win-Situation.

VERWEISE

1. Richard David Precht, Mon Talk, www.wdr.de, WDR 2, 08.02.2011.
2. Die Zeit Nr. 7, Seite 71, 10.02.2011.
3. Susanne Janschitz, Mondkalender 2011, München.
4. Berlin, dpa Dez. 2022 – Feuerwehr-Verbandspräsident Bause
5. Quelle: Musixmatch
6. Focus Nr. 15/2010, Quelle: Schweizer Forschungsinstitut Prognos

Der Autor

Ludger Wentingmann, Jahrgang 1950, wuchs als eines von fünf Kindern auf einem Bauernhof in einem kleinen westfälischen Dorf auf. Nach einer Banklehre und Fortbildung zum Betriebswirt arbeitete er mehr als 40 Jahre als Bankkaufmann und Kreditberater. Seit seiner Jugend engagiert sich der Autor in Vereinen und Projekten. Für Vorstände der Kolpingsfamilien im Diözesanverband Münster übernahm er Coachings und Moderationen. Auch in der Kommunalpolitik war er aktiv. Im Jahr 1988 wurde er zum Diakon der katholischen Kirche geweiht und ist den Menschen in vielen Situationen besonders nahe. Der Autor ist verheiratet und hat eine erwachsene Tochter. Neben seiner Mitarbeit in der Kirche liebt er Geselligkeit und Gesang, liest gerne, unternimmt täglich Spaziergänge und widmet sich der Pflege seiner Frau, die an Alzheimer erkrankt ist. Schließlich schreibt er regelmäßig und legt dabei den Schwerpunkt auf gesellschaftliche Analysen und Entwicklungen.

novum VERLAG FÜR NEUAUTOREN

Der Verlag

> *Wer aufhört*
> *besser zu werden,*
> *hat aufgehört*
> *gut zu sein!*

Basierend auf diesem Motto ist es dem novum Verlag ein Anliegen, neue Manuskripte aufzuspüren, zu veröffentlichen und deren Autoren langfristig zu fördern. Mittlerweile gilt der 1997 gegründete und mehrfach prämierte Verlag als Spezialist für Neuautoren in Deutschland, Österreich und der Schweiz.

Für jedes neue Manuskript wird innerhalb weniger Wochen eine kostenfreie, unverbindliche Lektorats-Prüfung erstellt.

Weitere Informationen zum Verlag und seinen Büchern finden Sie im Internet unter:

www.novumverlag.com